게임으로 배우는 한국어

김대옥 · 이선미 · 정혜진 지음

집필진

김대옥
현 한양대학교 ERICA캠퍼스 국제교육원 한국어 강사
현 안산시다문화가족지원센터 한국어 강사(사회통합프로그램 강사)
베트남 하노이 국립 외국어 대학교 한국언어문화학과 강사(국제협력단 KOICA)
이화여자대학교 국제대학원 한국학과
〈저서〉『외국인 노동자를 위한 하하호호 한국어』 공저(노동부 · 산업인력공단)
『토픽, 똑똑하게 공부하기』(도서출판 박이정)
『리얼토픽 한국어능력시험 실전모의고사 I II』(도서출판 박이정)

이선미
현 한양대학교 ERICA캠퍼스 국제교육원 한국어 강사
말레이시아 마라대학교 한국어 프로그램 강사
서울대학교 언어교육원 한국어교육센터 강사
이화여자대학교 교육대학원 외국어로서 한국어 교육
〈저서〉『노래로 배우는 한국어』 공저(도서출판 하우)
『토픽 똑똑하게 공부하기』(도서출판 박이정)
『리얼토픽 한국어능력시험 실전모의고사 I II』(도서출판 박이정)

정혜진
현 한양대학교 ERICA캠퍼스 국제교육원 한국어 강사
숭실대학교 평생교육원 외국어로서의 한국어학과 강사
순천향대학교 국제교육교류본부 한국어 교육원 한국어 강사
한양대학교 국어교육학과 한국어교육전공 박사 수료
〈저서〉『노래로 배우는 한국어』 공저(도서출판 하우)

게임으로 배우는 한국어

초판 1쇄 발행 2016년 8월 10일
4쇄 발행 2024년 4월 24일

지은이 김대옥, 이선미, 정혜진
펴낸이 박영호
기획팀 송인성, 김선명, 김선호
편집팀 박우진, 김영주, 김정아, 최미라, 전혜련, 박미나
관리팀 임선희, 정철호, 김성언, 권주련
펴낸곳 (주)도서출판 하우

주소 서울시 중랑구 망우로68길 48
전화 (02)922-7090
팩스 (02)922-7092
홈페이지 http://www.hawoo.co.kr
e-mail hawoo@hawoo.co.kr
등록번호 제2016-000017호

값 19,000원
ISBN 979-11-86610-70-1 13710

이 책을 내면서

'어떻게 하면 한국어 수업을 재미있게 할 수 있을까?', '한국어 학습자들을 수업에 적극적으로 참여할 수 있도록 만드는 방법은 무엇일까?' 한국어 교사라면 이러한 고민을 누구나 한 번쯤은 해 보았을 것입니다. 이 책을 쓴 저자들 역시 10여 년 동안 한국어 현장에 몸담아 오면서 항상 스스로에게 해 오던 질문 중의 하나가 바로 '재미있는 수업'에 대한 것이었습니다. 수업이 재미있으면 학습자들은 자연스럽게 학습에 대한 흥미를 가지고 되고, 이러한 흥미는 수업에 대한 집중으로 이어지며, 소극적인 학습자들까지도 자발적으로 수업에 참여하게 된다는 사실을 직접 체험해 왔기 때문입니다. 그래서 머리를 맞대고 고민한 결과 수업을 활기차고 재미있게 이끄는 가장 좋은 방법 중의 하나는 학습과 관련된 게임이나 활동들을 적절히 활용하는 것이라는 데에 의견이 모아졌습니다. 이러한 취지로 저희 저자들은 그동안 한국어 수업을 진행해 오면서 실제로 교실 현장에서 효과가 있었던 여러 가지 게임과 활동들을 정리해서 여러 선생님들과 함께 나누고자 이 책을 만들게 되었습니다.

본 교재의 특징을 정리하면 다음과 같습니다.

우선 기존 교재들은 주로 학습자들이 배운 문법을 확인하는 인터뷰나 빈칸 채우기 등의 단순 반복적인 형태의 말하기 활동들이 많았다고 볼 수 있습니다. 이를 보완하고자 본 교재에서는 수업 시간에 반응이 좋았던 말하기 활동뿐만 아니라 학습자들의 언어 추리력과 과제 수행 능력 등을 복합적으로 높일 수 있는 새롭고 참신한 게임들을 소개하고자 합니다.

둘째, 본 교재는 주로 앉아서 교사의 지시를 받아들이는 형태의 수동적인 학습이 아닌 직접 몸을 움직이거나 팀을 나누어 승패를 가르는 등 학습자들의 적극적인 참여를 유도하는 활동적인 게임들로 구성되었습니다. 이를 통해 학습자들이 수업의 주체가 되어 언어 학습의 성취감을 직접 느낄 수 있을 뿐만 아니라 한국어에 대한 두려움을 없애고 자신감을 상승시켜 자연스럽게 의사소통 능력을 기를 수 있도록 하는 데 주력했습니다.

셋째, 본 교재에서는 교사들이 학습자들에게 게임 내용이나 방법을 쉽게 설명할 수 있도록 게임에 대한 자세한 설명과 예시를 제공하고 있습니다. 또한 다양한 일러스트와 삽화 등 풍부한 시각 자료를 통해 게임에 대한 이해를 도울 뿐만 아니라 학습자들이 게임에 대한 흥미를 높일 수 있도록 제작되었습니다. 이 책에 삽입된 다양한 시각 자료들은 본 교재의 게임 진행뿐만 아니라 실제 수업을 운영하는 데에 있어서도 다양한 방법으로 활용될 수 있을 것으로 기대됩니다.

끝으로 이 책의 제작에 도움을 주신 분들께 감사의 말씀을 드립니다. 본 교재의 출판을 위해 힘써 주신 도서출판 하우의 박민우 대표님, 박우진 편집장님, 편집진 여러분들, 그리고 삽화를 그려 주신 김정수 님께 심심한 감사의 마음을 전합니다. 본 교재가 재미있고 활기찬 한국어 수업을 위해 한국어 교육 현장에서 늘 애쓰고 고민하고 계시는 한국어 교사들께 미력하나마 도움이 되었으면 하는 바람을 가져 봅니다.

저자 일동

이책의 구성

전체 구성

본 교재는 〈목차〉, 〈자모〉, 〈초급1〉, 〈초급2〉, 〈색인〉 등 5부분으로 구성되어 있으며, 총 55가지 123개의 다양한 게임을 수록하여 교사들이 활동적인 수업을 진행하는 데에 도움이 될 수 있도록 하였습니다.

본 교재를 효과적으로 활용하기 위하여 각 과의 구성을 항목별로 나누어 자세히 살펴보면 다음과 같습니다.

목차

목차에서는 〈자모〉와 〈초급1〉, 〈초급2〉의 각 부분에 해당하는 목표 문형을 '가나다' 순으로 정리해 놓았습니다.

각 과의 구성

1 개요

각 과마다 상단에 '게임 목적', '게임 유형', '인원 구성', '목표 문형', 게임 시 필요한 '준비물'을 일목요연하게 정리해 놓았습니다. 이는 게임 진행 전에 교사가 필수적으로 알아야 할 핵심 사항들입니다.

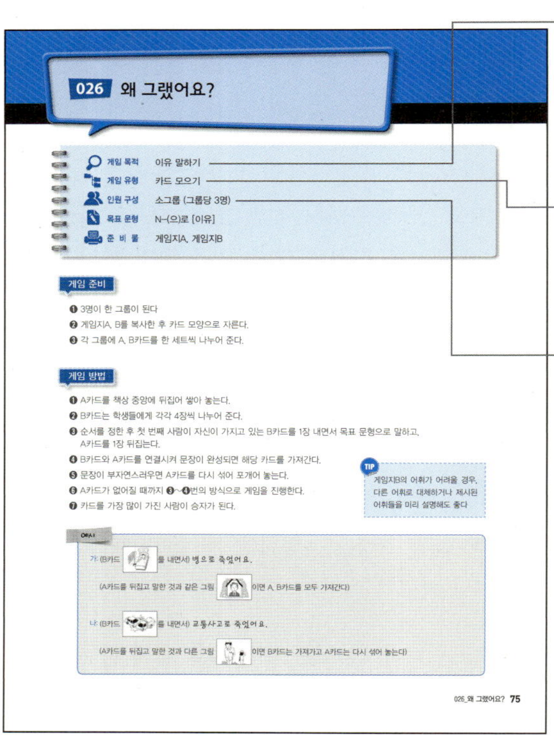

026 왜 그랬어요?

게임 목적 이유 말하기
게임 유형 카드 모으기
인원 구성 소그룹 (그룹당 3명)
목표 문형 N-(으)로 [이유]
준 비 물 게임지A, 게임지B

게임 준비

❶ 3명이 한 그룹이 된다
❷ 게임지A, B를 복사한 후 카드 모양으로 자른다.
❸ 각 그룹에 A, B카드를 한 세트씩 나누어 준다.

게임 방법

❶ A카드를 책상 중앙에 뒤집어 쌓아 놓는다.
❷ B카드는 학생들에게 각각 4장씩 나누어 준다.
❸ 순서를 정한 후 첫 번째 사람이 자신이 가지고 있는 B카드를 1장 내면서 목표 문형으로 말하고, A카드를 1장 뒤집는다.
❹ B카드와 A카드를 연결시켜 문장이 완성되면 해당 카드를 가져간다.
❺ 문장이 부자연스러우면 A카드를 다시 섞어 포개어 놓는다.
❻ A카드가 없어질 때까지 ❸~❹번의 방식으로 게임을 진행한다.
❼ 카드를 가장 많이 가진 사람이 승자가 된다.

TIP 게임지B의 어휘가 어려울 경우, 다른 어휘로 대체하거나 제시된 어휘들을 미리 설명해도 좋다

예시

가: (B카드 를 내면서) 병으로 죽었어요.
(A카드를 뒤집고 말한 것과 같은 그림 이면 A, B카드를 모두 가져간다)
나: (B카드 를 내면서) 교통사고로 죽었어요.
(A카드를 뒤집고 말한 것과 다른 그림 이면 B카드는 가져가고 A카드는 다시 섞어 놓는다)

026_왜 그랬어요? 75

① **게임 목적:** 학습자들이 해당 게임을 통하여 달성해야 할 말하기 활동의 목표입니다. 교사는 게임을 시작하기 전에 학습자들이 어떤 목표를 가지고 게임에 참여해야 할지 정확히 숙지해야 합니다.

② **게임 유형:** 게임이나 활동의 특성에 맞게 유형을 분류하였습니다. 총 55가지의 다양한 게임과 활동으로 구성되어 있습니다.

③ **인원 구성:** 게임에 참여할 학생 수와 인원 구성에 대한 내용입니다.
(※ 본 교재는 학생 12명을 기준으로 하여 게임을 구성하였습니다. 교사는 해당 교실 상황에 맞게 자유롭게 게임 인원수를 조정할 수 있습니다)
인원 구성은 전체를 대상으로 하는 '전체' 게임과 그룹 안 경쟁을 통해 승자를 결정하게 되는 '소그룹' 게임 [이때 소그룹 구성 인원 제시 ⇨ 예 소그룹 (그룹당 4명)], 그리고 팀별 경쟁을 통해 우승팀을 결정되는 '팀' 게임으로 이루어져 있습니다. [이때 팀당 구성 인원 제시 ⇨ 예 팀 (팀당 4명)

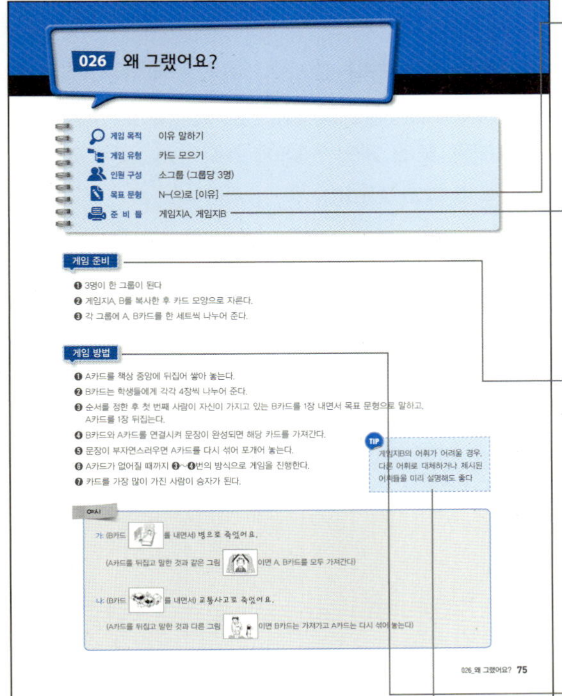

④ **목표 문형:** 학습자들이 게임이나 활동 진행 시 사용할 문형입니다. 이때 교사는 목표 문형이 수업 시간에 이미 선행 학습되었다는 전제 하에 이를 연습하기 위한 방법으로 본 게임을 활용하시면 됩니다.

⑤ **준비물:** 교사가 게임을 진행하기 전에 준비해야 할 게임지 및 활동지 그리고 기타 물품들입니다.

2 게임 준비

〈게임 준비〉에서는 게임을 시작하기 전에 교사가 어떤 것을 준비해야 하는지를 알려 줍니다. 학생들을 어떤 단위로 구성하고 나눌지(팀별 인원수, 소그룹별 인원수), 또한 게임 준비물에 제시된 게임지나 활동지를 어떻게 자르고 복사하고 나누어 주어야 하는지도 상세히 설명되어 있습니다.

3 게임 방법

〈게임 방법〉에서는 구체적인 게임 진행 방법을 번호를 붙여 순서대로 제시하였습니다. 교사는 이것을 통해 어떤 순서로 게임을 진행해야 하는지 알 수 있습니다.
따라서 게임을 시작하기 전에 게임 방법, 게임 순서, 유의사항 등을 자세히 살펴 보시는 것이 좋습니다.

TIP 게임마다 제시되는 〈TIP〉에서는 교사들이 게임을 진행하는 데에 유용한 방법이나 벌칙, 게임의 난이도를 높이거나 게임을 확장해서 활용하는 방법 등을 설명해 놓았습니다. 교사는 이것을 참고하여 교실 상황 및 학습자의 수준에 따라 게임의 형식이나 내용에 변화를 줄 수 있습니다.

이책의 구성

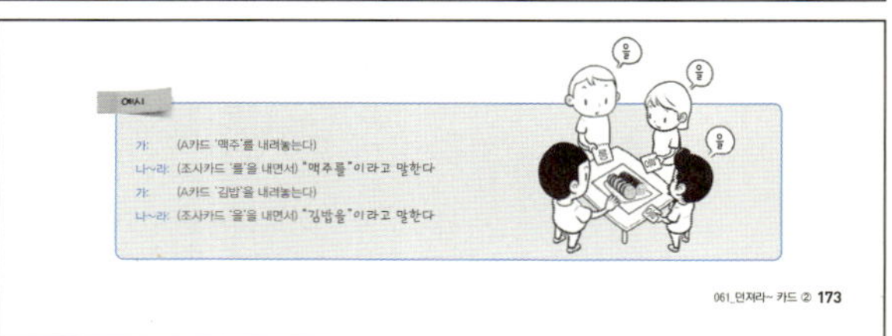

4 예시

게임에 참여하는 학습자나 교사의 말을 구체적인 예문으로 제시하고 게임 장면을 담은 삽화를 함께 제공하였습니다. 이를 통해 게임 진행에 익숙하지 않은 교사들의 이해를 돕고자 합니다.

5 게임지A, 게임지B 그리고 활동지

각 과에 첨부된 게임지와 활동지 등은 해당 게임을 진행하는 데에 필요한 자료로서 안내된 방법대로 사용하시면 됩니다. 보통 해당 페이지를 확대 복사한 후 표시된 모양으로 (✂) 잘라서 게임에 활용합니다.

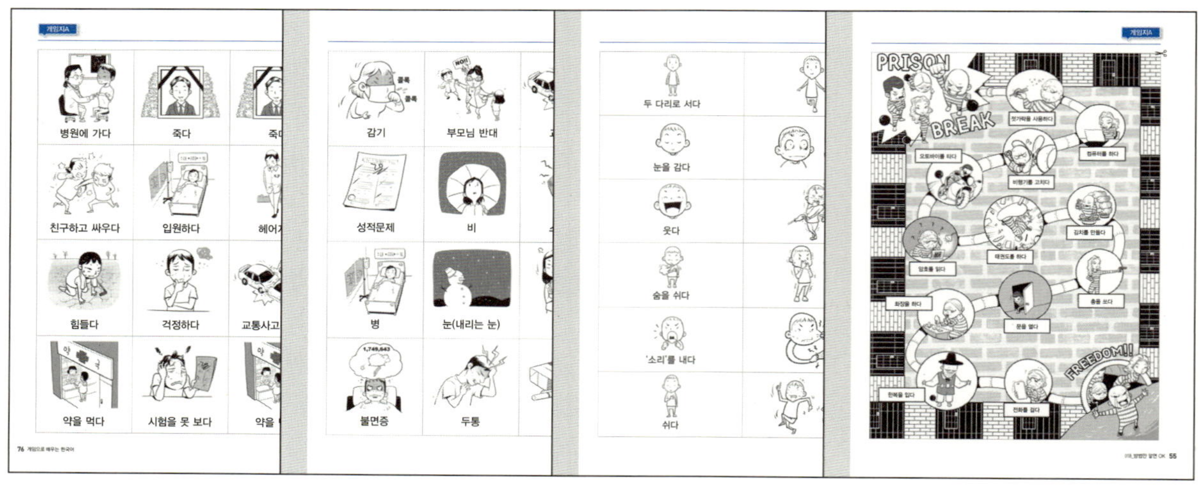

색인

〈색인〉에서는 이 책에서 사용된 총 55개의 게임이나 활동을 유형별로 분류해 놓았습니다. 각 유형에 해당되는 과들을 함께 모아 교사의 필요에 따라 활용할 수 있도록 하였습니다. 각 유형별 게임 방법에 익숙해졌다면 색인 활용이 더욱 효과적입니다. 교사가 가르칠 문형 및 문법을 찾은 후 해당 게임이 교실 및 수업 상황에 적합한지 쉽게 판단할 수 있습니다.

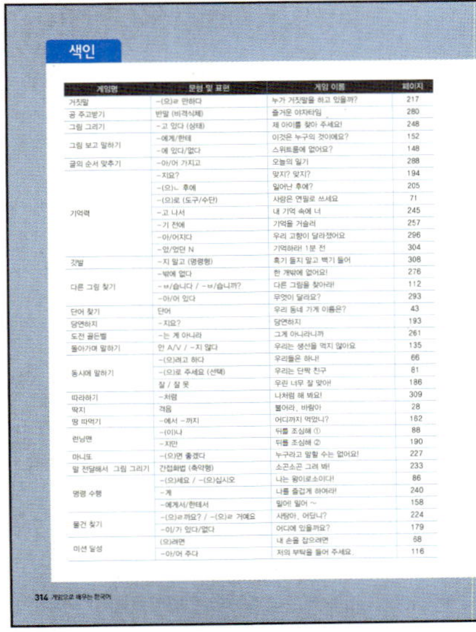

색인

게임명	문형 및 표현	게임 이름	페이지
거짓말	-(으)ㄹ 만하다	누가 거짓말을 하고 있을까?	217
공 주고받기	반말 (비격식체)	즐거운 야자타임	280
그림 그리기	-고 있다 (상태)	제 아이를 찾아 주세요!	248
그림 보고 말하기	-에게/한테	이것은 누구의 것이에요?	152
	-에 있다/없다	스위트룸에 없어요?	148
글의 순서 맞추기	-아/어 가지고	오늘의 일기	288
기억력	-지요?	맞지? 맞지?	194
	-(으)ㄴ 후에	일어난 후에?	205
	-(으)로 (도구/수단)	사랑은 연필로 쓰세요	71
	-고 나서	내 기억 속에 너	245
	-기 전에	기억을 거슬러	257
	-아/어지다	우리 고향이 달라졌어요	296
	-았/었던 N	기억하라! 1분 전	304
깃발	-지 말고 (명령형)	흑기 들지 말고 백기 들어	308
다른 그림 찾기	-밖에 없다	한 개밖에 없어요!	276
	-ㅂ/습니다 / -ㅂ/습니까?	다른 그림을 찾아라!	112
	-아/어 있다	무엇이 달라요?	293
단어 찾기	단어	우리 동네 가게 이름은?	43
당연하지	-지요?	당연하지	193
도전 골든벨	-는 게 아니라	그게 아니라니까	261
돌아가며 말하기	안 A/V / -지 않다	우리는 생선을 먹지 않아요	135
동시에 말하기	-(으)려고 하다	우리들은 하나!	66
	-(으)로 주세요 (선택)	우리는 단짝 친구	81
	잘 / 잘 못	우린 너무 잘 맞아!	186
따라하기	-처럼	나처럼 해 봐요!	309
딱지	격음	불어라, 바람아	28
땅 따먹기	-에서 -까지	어디까지 먹었니?	162
런닝맨	-(이)나	뒤를 조심해 ①	88
	-지만	뒤를 조심해 ②	190
마니또	-(으)면 좋겠다	누구라고 말할 수는 없어요!	227
말 전달해서 그림 그리기	간접화법 (축약형)	소곤소곤 그려 봐!	233
명령 수행	-(으)세요 / -(으)십시오	나는 왕이로소이다!	86
	-게	나를 즐겁게 하여라!	240
	-에게서/한테서	밀어! 밀어 ~	158
물건 찾기	-(으)ㄹ까요? / -(으)ㄹ 거예요	사탕아, 어딨니?	224
	-이/가 있다/없다	어디에 있을까요?	179
미션 달성	(으)려면	내 손을 잡으려면	68
	-아/어 주다	저의 부탁을 들어 주세요.	116

314 게임으로 배우는 한국어

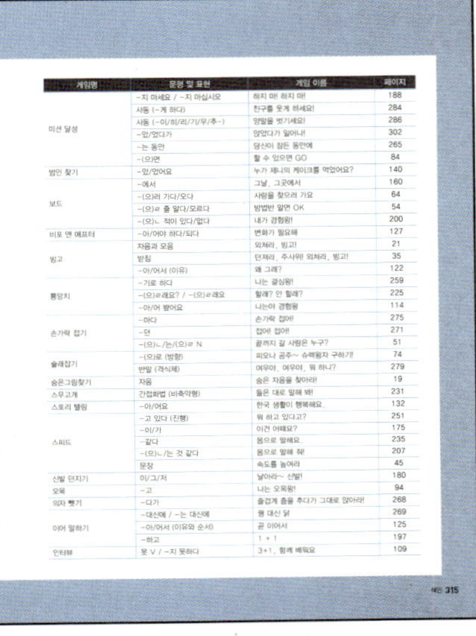

게임명	문형 및 표현	게임 이름	페이지
미션 달성	-지 마세요 / -지 마십시오	하지 마! 하지 마!	188
	사동 (-게 하다)	친구를 웃게 하세요!	284
	사동 (-이/히/리/기/우/추-)	양말을 벗기세요!	286
	-았/었다가	앉았다가 일어나!	302
	-는 동안	당신이 잠든 동안에	265
	-(으)면	할 수 있으면 GO	84
범인 찾기	-았/었어요	누가 제니의 케이크를 먹었어요?	140
보드	-에서	그날, 그곳에서	160
	-(으)러 가다/오다	사랑을 찾으러 가요	64
	-(으)ㄹ 줄 알다/모르다	방법만 알면 OK	54
	-(으)ㄴ 적이 있다/없다	내가 경험왕!	200
비포 앤 애프터	-아/어야 하다/되다	변화가 필요해	127
빙고	자음과 모음	외쳐라, 빙고!	21
	받침	던져라, 주사위! 외쳐라, 빙고!	35
	-아/어서 (이유)	왜 그래?	122
뽕망치	-기로 하다	나는 결심왕!	259
	-(으)ㄹ래요? / -(으)ㄹ래요	할래? 안 할래?	225
	-아/어 봤어요	나는야 경험왕	114
손가락 접기	-마다	손가락 접어!	275
	-던	접어! 접어!	271
	-(으)ㄴ/는/(으)ㄹ N	끝까지 갈 사람은 누구?	51
술래잡기	-(으)로 (방향)	피오나 공주~ 슈렉왕자 구하기!	74
	반말 (격식체)	여우야, 여우야, 뭐 하니?	279
숨은그림찾기	자음	숨은 자음을 찾아라!	19
스무고개	간접화법 (비축약형)	들은 대로 말해 봐!	231
스토리 텔링	-아/어요	한국 생활이 행복해요.	132
스피드	-고 있다 (진행)	뭐 하고 있다고?	251
	-이/가	이건 어때요?	175
	-같다	몸으로 말해요.	235
	-(으)ㄴ/는 것 같다	몸으로 말해 줘!	207
	문장	속도를 높여라	45
신발 던지기	이/그/저	날아라~ 신발!	180
오목	-고	나는 오목왕!	94
의자 뺏기	-다가	즐겁게 춤을 추다가 그대로 앉아라!	268
이어 말하기	-대신에 / -는 대신에	꿩 대신 닭	269
	-아/어서 (이유와 순서)	곧 이어서	125
	-하고	1 + 1	197
인터뷰	못 V / -지 못하다	3+1, 함께 배워요	109

색인 315

목차

목차

자모

001 주사위를 굴려라

- **게임 목적** 모음으로 단어 만들기
- **게임 유형** 주사위
- **인원 구성** 팀 (팀당 6명)
- **필수 학습** 모음 (아, 야, 어, 여, 오, 요, 우, 유, 으, 이)
- **준 비 물** 게임지A, 게임지B, 빈 상자 2개

게임 준비

❶ 두 팀으로 나눈다.
❷ 게임지A, B를 확대 복사한 후 카드 모양으로 자른다.
❸ A, B카드들을 각각의 상자에 붙인다.

게임 방법

❶ 교사는 칠판에 '이, 아이, 오이, 우유, 여유, 야유'를 적어 놓는다.
❷ 각 팀에서 두 명씩 나와 2개의 주사위 상자를 굴린다.
❸ 상자들이 멈추면 상자들에 적힌 모음을 각각 확인한다.
❹ 두 모음이 합쳐져 의미 있는 단어가 되면 1점을 획득한다.
❺ 굴린 2개의 주사위에 벌칙(노래방 마이크 그림)이 하나라도 나오면 벌칙을 수행해야 한다.
❻ 각 팀의 점수를 합산하여 승패를 가른다.

TIP

❶ 두 개의 상자를 굴려 나올 수 있는 단어는 '이, 아이, 오이, 우유, 여유, 야유'가 있다.
'여유, 야유'의 경우, 초급 학습자에게 어려운 단어일 수 있으므로 제외시켜도 된다.
❷ 다양한 벌칙으로 변경해도 된다.

예시

두 개의 상자를 굴린다. 상자가 멈추면 각각의 상자에 있는 글자를 읽는다.
가: 오, 이 (점수를 획득한다)
나: 오, 아 (점수가 없다)
다: 오, 마이크 (벌칙 수행)

아	오
유	으
여	

게임지B

이	우
유	으
야	

002 모음을 찾아라

게임 목적	모음으로 단어 만들기
게임 유형	카드 찾기
인원 구성	소그룹 (그룹당 4명)
필수 학습	모음 (아, 야, 어, 여, 오, 요, 우, 유, 으, 이)
준 비 물	게임지A

게임 준비

❶ 4명이 한 그룹이 된다.
❷ 게임지A를 복사한 후 카드 모양으로 자른다.
❸ 각 팀에 한 세트씩 나누어 준다.

게임 방법

❶ 책상 위에 글자가 보이도록 A카드들을 펼쳐 놓는다.
❷ 교사는 A카드들 중 하나를 선택해 발음한다.
❸ 교사의 발음을 듣고 해당 발음 카드를 찾는다.
❹ 가장 빨리 해당 모음 카드를 찾은 사람이 카드를 가지고 간다.
❺ 카드를 가장 많이 가진 사람이 승리한다.

TIP

❶ 시간이 있다면 각 팀에서 제일 많은 카드를 획득한 사람들끼리 다시 왕중왕 대항전을 한다.
❷ 학습자들의 수준이 높으면 위의 모음 외에 더 많은 모음을 이용해서 게임을 진행해도 된다.
❸ 모음으로 이루어진 단어들을 카드로 만들어서 위와 같은 방법으로 게임을 진행해도 좋다.

예시

교사: 아
학습자: ('아' 카드를 재빨리 집어서 든다)
교사: (확인을 한다)
학습자: (해당 카드를 자신의 앞으로 가져간다)

게임지A

아	야
어	여
오	요
우	유
으	이

003 숨은 자음을 찾아라!

게임 목적	자음 찾기
게임 유형	숨은그림찾기
인원 구성	팀 (팀당 2명)
필수 학습	기본 자음
준 비 물	게임지A

게임 준비

❶ 2명이 한 팀이 된다.
❷ 게임지A를 팀 수만큼 복사한다.
❸ 각 팀에 1장씩 나누어 준다.

게임 방법

❶ 게임 제한 시간을 알려 준다.
❷ 그림 속에 숨어 있는 자음을 찾아 해당 부분에 동그라미를 그린다.
❸ 주어진 시간 내에 그림 속 숨어 있는 자음을 가장 많이 찾는 팀이 이긴다.

TIP

❶ 학습자들의 수준에 따라 게임 시간을 결정하되 대략 5분 내외로 한다.
❷ 게임이 끝난 후 찾은 자음을 읽어 보도록 시킨다. 예를 들어 '그, 느, 드'로 하거나 '가, 나, 다'로 연습시킨다.

예시

교사가 '시작'을 외친다.

가팀: (숨은 그림에서 자음을 찾는다)
나팀: (숨은 그림에서 자음을 찾는다)

교사는 주어진 시간이 끝난 후, '끝'을 외친 후 팀별로 찾은 자음을 읽힌다.

게임지A

004 외쳐라, 빙고!

게임 목적	자음과 모음 찾기
게임 유형	빙고
인원 구성	전체
필수 학습	기본 자음과 모음
준 비 물	게임지A

게임 준비

❶ 전체를 대상으로 한다.
❷ 게임지A를 복사한 후 카드 모양으로 자른다.
❸ 한 사람당 1장씩 나누어 준다.

게임 방법

❶ 빙고판 빈칸에는 학생들이 쓰고 싶은 음절을 쓰게 한다.
❷ 교사는 학생들이 음절을 잘 썼는지 확인한다.
❸ 빙고 게임을 할 순서를 정한다.
❹ 한 명씩 돌아가면서 빙고판에 있는 음절을 하나 골라 말한다.
❺ 빙고판에 X표가 모두 3줄이 됐을 때 빙고를 외친다.
❻ 빙고를 빨리 외친 사람이 승리한다.

❶ 학습자들이 빙고판의 음절을 정확하게 발음할 수 있도록 교사가 먼저 연습을 시킨다.
❷ 교사는 학습자가 발음한 음절이 정확한지 체크한다.

게임지A

가		더
수	바	도
구	로	

규	나	수
	자	버
누	더	

조		바
하	가	류
수	너	

	수	바
더	류	두
하	가	

조	너	류
바		더
누	수	

머	하	류
조	가	수
	두	

005 내 짝을 찾아서

게임 목적 자음과 모음 음절 만들기

게임 유형 카드 찾기

인원 구성 팀 (팀당 3명)

필수 학습 자음과 모음

준 비 물 게임지A, 게임지B, 빈 상자 2개

게임 준비

❶ 3명이 한 팀이 된다.
❷ 게임지A, B를 복사한 후 카드 모양으로 자른다.
❸ 게임지A의 모음 카드와 자음 카드를 2개의 빈 상자에 각각 넣는다.
❹ 게임지B 카드는 각 팀에 각각 1장씩 준다.

게임 방법

❶ 각 팀은 만들고 싶은 3개의 음절을 B카드에 각각 적는다.
❷ 게임할 순서를 정한다.
❸ 첫 번째 팀은 2개의 상자에서 각각 모음 카드 1장, 자음 카드 1장을 뽑는다.
❹ 뽑은 모음과 자음을 결합시킨다.
❺ 각 팀들은 자신들의 B카드에 해당 음절이 있는지 확인 후 지운다.
❻ 사용한 카드는 다시 상자에 넣고 섞는다.
❼ 팀이 돌아가면서 ❸~❻를 반복한다.
❽ B카드에 적힌 세 음절을 먼저 지운 팀이 승자가 된다.

TIP
❶ 카드 수가 많다고 생각된다면 교사가 자음과 모음의 카드 개수를 조절하면 된다.
❷ 세 개의 음절이 적다면 음절 수를 늘리면 된다.

예시

교사: 게임 진행을 쉽게 하기 위해서 교사가 직접 시범을 보인다. 학생들이 잘 보이도록 교사는 A카드 잘라 확대 복사한 후 칠판에 붙인다.
칠판의 자음과 모음을 떼어서 결합해 보여 준다.
결합된 음절을 B카드에 써 보인다.
2개의 상자에서 자음과 모음 카드를 한 장씩 꺼낸다.
'ㄱ'과 'ㅏ'를 보여 준 후 발음해 보인다.
교사는 자신이 쓴 B카드에 '가'가 있는지 체크한다.

ㄱ	ㄴ
ㄷ	ㄹ
ㅁ	ㅂ
ㅅ	ㅈ

ㅏ	ㅑ
ㅓ	ㅕ
ㅗ	ㅛ
ㅜ	ㅠ
ㅡ (으)	ㅣ

게임지B

1. ____________________

2. ____________________

3. ____________________

1. ____________________

2. ____________________

3. ____________________

1. ____________________

2. ____________________

3. ____________________

1. ____________________

2. ____________________

3. ____________________

1. ____________________

2. ____________________

3. ____________________

1. ____________________

2. ____________________

3. ____________________

006 터져라, 풍선!

- **게임 목적** 경음 발음하기
- **게임 유형** 풍선 터뜨리기
- **인원 구성** 팀 (팀당 6명)
- **필수 학습** 자음과 모음
- **준 비 물** 게임지A, 풍선

게임 준비

❶ 두 팀으로 나눈다.
❷ 게임지A 카드를 복사한 후 자른다.
❸ 자른 카드를 돌돌 만 후에 풍선에 넣고 분다.
❹ 풍선은 책상 위나 큰 박스 안에 넣어 둔다.

풍선이 쉽게 터지지 않도록 적당히 공기를 넣는다.

게임 방법

❶ 각 팀에서 2명이 한 쌍이 되어 앞으로 나온다.
❷ 두 팀은 각각 한 개의 풍선을 고른다.
❸ 교사가 '시작'을 외치면 학생들은 서로 몸을 이용해서 풍선을 터뜨린다.
❹ 풍선이 터지면 풍선 속에 있는 종이를 펴 본다.
❺ 종이에 경음이 쓰여 있으면 해당 경음을 발음한다.
❻ 정확히 발음을 하면 1점을 획득한다.
❼ 만약 먼저 풍선을 터뜨려도 풍선 속의 카드가 경음이 아니면 점수가 없다.
❽ 각 팀의 점수를 합산하여 승패를 가른다.

TIP

만약 학생들이 서로의 몸을 이용한 풍선 터뜨리기를 선호하지 않는다면 아래 게임 방법을 이용한다.

❶ 두 팀에서 2명이 한 쌍이 되어 앞으로 나온다.
❷ 두 팀에서 나온 학생들 중 한 명은 돌돌 말린 종이를 풍선 안에 넣고 빨리 풍선을 분다.
❸ 풍선을 다 불면 책상 위에 놓는다.
❹ 나머지 한 명은 뿅망치를 들고 풍선을 터뜨린다.
❺ 터진 풍선 안에 경음 카드가 있으면 해당 경음을 발음한다.
❻ 정확히 발음을 하면 1점을 획득한다. 발음이 정확하지 않으면 점수가 없다.

가	까	나
다	따	마
바	빠	까
자	짜	라
사	싸	짜

007 불어라~ 바람아

게임 목적	격음 음절 찾기
게임 유형	딱지
인원 구성	팀 (팀당 6명)
필수 학습	자음, 모음, 평음, 격음
준 비 물	게임지A, 게임지B, 얇은 종이

게임 준비

❶ 두 팀으로 나눈다.

❷ 게임지A는 12장을 복사하고 게임지B는 1장을 복사한다.

❸ 게임지A의 그림1과 그림2를 잘라 딱지로 접는다. (총 12개의 딱지를 만들면 된다)

❹ 게임지B의 카드들을 오린 후 딱지 뒷면에 붙인다.

❺ 완성된 딱지를 책상 한가운데 쌓아 둔다.

❻ 딱지 부는 곳을 표시한다.

❼ 발음을 확인하기 위해 얇은 종이를 준비한다.

너무 가까운 위치에서 딱지를 불면 딱지가 모두 뒤집어질 수 있으므로 적정 거리를 둔다.

게임 방법

❶ 각 팀에서 1명씩 나와 쌓아 둔 딱지를 입으로 분다.

❷ 뒤집어진 딱지들 중에서 격음이 적혀 있는 딱지를 준다.

❸ 딱지를 받은 후 딱지에 쓰여진 격음들을 발음한다.

❹ 발음을 확인하기 위해 얇은 종이에 대고 발음을 한다. (얇은 종이가 떨리면 정확한 발음을 한 것으로 보고 점수를 준다)

❺ 돌아가면서 ❶~❹을 반복하여 진행한다.

❻ 팀원들의 점수를 합산한 후 승패를 가른다.

TIP

❶ 딱지 뒷면에 평음, 격음, 경음을 각각 붙여도 좋다.

❷ 딱지 뒷면에 격음을 연습시킬 수 있는 단어들을 붙여도 좋다.

❸ 얇은 종이는 휴지를 사용하면 좋다.

1

2

게임지B

파	포	카	바
하	차	자	사
가	타	다	라

파	포	카	바
하	차	자	사
가	타	다	라

008 꺼져라, 촛불!

게임 목적 격음 음절 찾기
게임 유형 촛불 끄기
인원 구성 팀 (팀당 6명)
필수 학습 자음, 모음, 평음, 격음
준 비 물 게임지A, 양초 2개, 빈 상자

게임 준비

❶ 두 팀으로 나눈다.
❷ 게임지A를 복사하여 카드 모양으로 자른 후 빈 상자에 넣는다.
❸ 2개의 초를 각각의 책상에 세워 두고 불을 붙인다.
❹ 촛불 부는 곳(기준선)을 표시한다.

게임 방법

❶ 각 팀에서 1명씩 나와 기준선에 선다.
❷ 교사가 상자 안에서 A카드를 한 장 뽑는다.
❸ 뽑은 카드를 팀원들에게 보여주고 교사가 '시작'을 외친다.
❹ 각 팀원은 해당 음절을 소리 내며 촛불을 있는 힘껏 분다.
❺ 먼저 촛불을 끈 학생에게 해당 격음 카드를 준다.
❻ A카드를 많이 가진 팀이 이긴다.

TIP

❶ 교사는 초를 불 수 있는 적정 거리를 잘 선정해야 한다.
❷ 좀 더 스피드 있게 진행하려면 다음과 같은 방법으로 게임을 진행해도 된다.
㉠ 두 사람이 한 팀이 된다.
㉡ 교사의 시작과 함께 1명은 촛불을 켜고 박스에서 격음 카드를 꺼낸다.
㉢ 다른 1명은 해당 격음을 발음해 촛불을 끈다.
㉣ 순서를 바꿔 ㉡~㉢을 반복해 진행한다.
㉤ 이때, A카드에 평음과 경음 카드를 섞어도 된다.
㉥ 만약 A카드에서 격음 카드 외의 카드가 나오면 '통과'를 외친다.
㉦ 제한된 시간 내에 가장 많은 격음 카드를 가져온 팀이 이긴다.

게임지A

파	포	카
하	차	파
카	타	하

009 귀를 기울이면

 **게임 목적** 평음, 경음, 격음 찾기

게임 유형 전달하기

 **인원 구성** 팀 (팀당 4명)

 **필수 학습** 자음, 모음, 평음, 격음

 **준 비 물** 게임지A

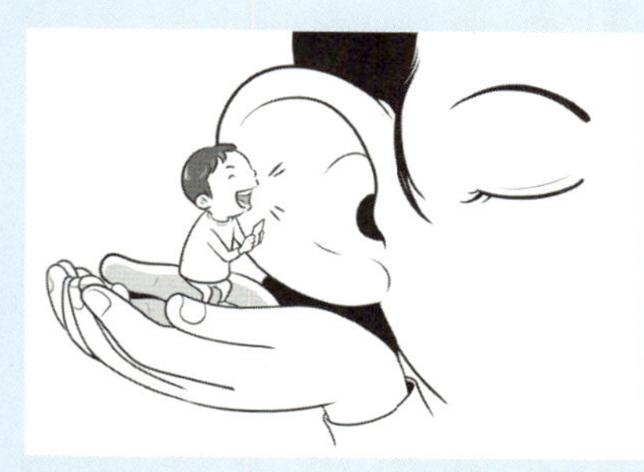

게임 준비

❶ 세 팀으로 나눈다.

❷ 게임지A는 복사하여 카드 모양으로 자른 후 교사가 가진다.

❸ 각 팀에게 줄 게임지A는 확대 복사한 후 자른다.

❹ A카드를 각 팀에게 한 세트씩 준다.

게임 방법

❶ 각 팀을 각각 한 줄로 세운다.
(맨 앞 사람만 교사를 향해 서고 나머지 사람은 뒤돌아 있는다)

❷ 받은 A카드 세트를 맨 마지막 사람에게 준다.

❸ 교사는 A카드 중 1장의 카드를 맨 앞 사람에게만 보여 준다.
이 때, 뒤의 사람이 보지 않도록 주의를 시킨다.

❹ 해당 글자를 본 팀원은 뒷사람에게 귓속말로 해당 글자를 전달한다.

❺ 마지막 사람은 자신의 A카드 중 해당 글자를 들고 뛰어나가 교사에게 보여 준다.

❻ 교사는 ❸~❺를 반복하여 진행한다.

❼ 정해진 시간 내에 가장 많이 맞힌 팀이 이긴다.

TIP

❶ 교사는 게임지A 카드를 전부 연습 시킬 필요는 없다.

❷ 확대 복사가 불편하면 작은 화이트보드를 준비한다.
들은 글자를 화이트보드에 쓰도록 한다.

❸ 게임을 조금 어렵게 진행하고 싶다면 두 음절씩 알려 주면 된다.

예시

교사: (학생들을 두 팀으로 나눈 후 칠판을 향해 한 줄로 세운다)
(뒷사람이 보지 않도록 주의를 시킨다) 봐요, 안 돼요.
(교사는 A 카드 중 1장을 고른 후 맨 앞 사람에게 보여 준다)
자, 이제 시작해요.
(자신의 뒷 학생에게 귓속말로 해당 음절을 말한다.
귓속말을 들은 사람은 다시 뒷사람에게 전달한다)
이렇게 해요. (시계를 보여 주며) '시작'

게임지A

가	까	카
다	따	타
바	빠	파
자	짜	차
사	싸	하

010 던져라, 주사위! 외쳐라, 빙고!

게임 목적	음절 만들기와 받침 읽기
게임 유형	빙고
인원 구성	팀 (팀당 3명)
필수 학습	음절 및 대표 받침 소리
준 비 물	게임지A, 게임지B

게임 준비

❶ 세 팀으로 나눈다.
❷ 게임지A를 복사하여 카드 모양으로 자른 후 주사위를 만든다.
❸ 게임지B를 확대 복사하여 빙고판으로 사용한다.
❹ 각 팀에 주사위와 빙고판을 각각 1개씩 나누어 준다.

게임 방법

❶ 각 팀에서 한 명씩 나와서 3개의 주사위를 동시에 굴린다.
❷ 3개의 주사위에 적힌 초성과 중성, 종성으로 음절을 만든 후 크게 말한다.
❸ 주사위에 의해 만들어진 음절이 각 팀의 빙고판에 있는 경우 X표를 한다.
❹ 팀별로 돌아가며 ❶~❸을 반복한다.
❺ 빙고 보드판에 있는 X표가 3줄이 됐을 때 빙고를 외친다.
❻ 빙고를 빨리 외친 팀이 승리한다.

TIP

❶ 두 개의 주사위에는 자음이 적혀 있고, 나머지 한 개의 주사위에는 모음이 적혀 있다.
❷ 3개의 주사위 중 받침 자음은 다른 색으로 표기되어 있다.
❸ 각 빙고 보드판은 각기 다른 음절로 구성되어 있다.

게임지A

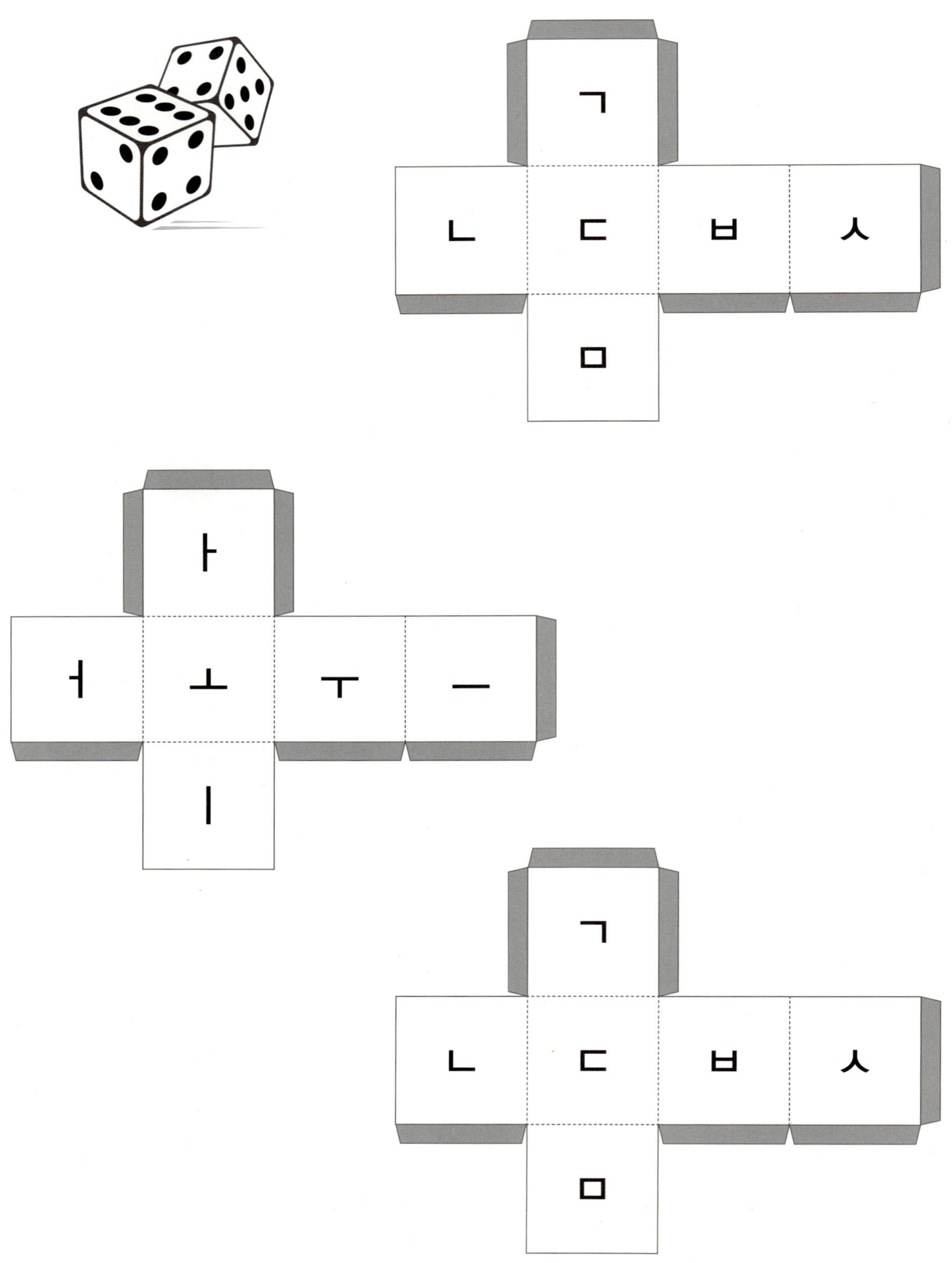

각	넝	손
린	밤	돈
국	눈	랕

강	반	딕
군	만	랑
닙	눈	승

군	국	돈
넝	반	닉
몸	산	랑

011 나와라, 글자!

게임 목적	음절 만들기
게임 유형	카드 모으기
인원 구성	소그룹 (그룹당 4명)
필수 학습	음절
준 비 물	게임지A, 사탕

게임 준비

❶ 4명이 한 그룹이 된다.
❷ 게임지A는 그룹 수만큼 복사한 후 카드 모양으로 자른다.
❸ 각 그룹에게 1세트(게임지A 3장 복사하면 72장)씩 나누어 준다.
❹ 사탕 바구니를 책상 가운데 둔다.

게임 방법

❶ 카드를 내려놓을 순서를 정한다.
❷ 각각 카드를 5장씩 나누어 갖고, 남은 카드는 뒤집어서 가운데에 쌓아 놓는다.
❸ 들고 있는 카드로 음절을 만든다.
❹ 음절을 만들면 다른 사람이 볼 수 있도록 내려 놓은 후, 음절을 크게 말한다.
❺ 음절이 맞게 조합이 되었으면 사탕을 한 개 가져간다.
❻ 사용한 음절 카드는 옆에 둔다. 다시 사용하지 않는다.
❼ 음절을 만든 사람은 가운데에 있는 카드 3장을 가지고 온다.
❽ 돌아가면서 ❸~❼을 반복하여 진행한다.
❾ 만약 음절을 못 만드는 경우 가운데 뒤집어 놓은 카드를 한 장만 가져 간다.
❿ 가운데에 있는 카드가 다 없어질 때까지 진행한다.
⓫ 사탕을 가장 많이 가져간 사람이 승리한다.

TIP

❶ 카드 한 세트는 모두 72장으로 모음 6개, 자음 9개, 받침 7개가 적혀 있다.
❷ 받침 자음은 다른 색으로 표기되어 있다.
❸ 가운데에 놓인 카드가 없어졌을 경우, 돌아가면서 다음 사람이 들고 있는 카드 중에서 한 장씩 가져와서 음절을 만들 수도 있다.
❹ 게임 시간을 단축하려면 교사가 미리 시간을 정해서 게임을 진행시키면 된다.

ㄱ	ㄴ	ㄷ	ㄹ
ㅁ	ㅂ	ㅅ	ㅇ
ㅇ	ㅈ	ㅎ	ㅏ
ㅓ	ㅗ	ㅜ	ㅡ
ㅣ	ㄱ	ㄴ	ㄷ
ㄹ	ㅁ	ㅂ	ㅇ

012 어디에 있니?

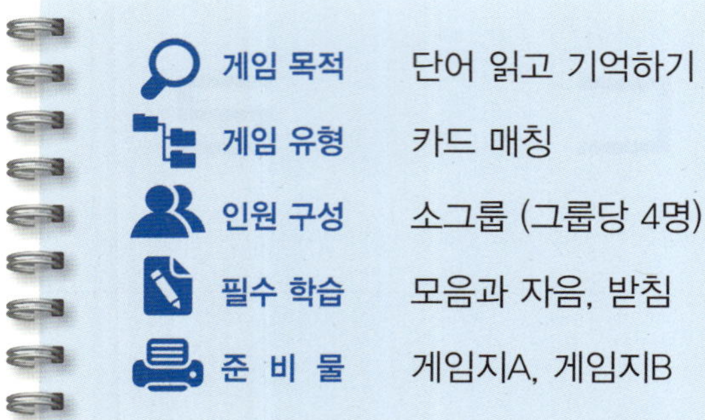

게임 목적	단어 읽고 기억하기
게임 유형	카드 매칭
인원 구성	소그룹 (그룹당 4명)
필수 학습	모음과 자음, 받침
준 비 물	게임지A, 게임지B

게임 준비

❶ 네 명이 한 그룹이 된다.

❷ 게임지A와 게임지B를 복사해 카드 모양으로 각각 자른 후 각 팀에게 한 세트씩 준다.

❸ 두 게임지 카드는 색깔을 다르게 하면 좋다.

게임 방법

❶ 책상 중앙에 A카드와 B카드를 펼쳐 놓고 글자와 그림이 보이지 않도록 덮어 둔다.

❷ 교사는 A카드, B카드를 모두 뒤집게 한다.

❸ 1분 동안 보게 한 후 다시 덮게 한다.

❹ 게임 순서를 정한 후 첫 번째 사람이 A카드와 B카드를 각각 한 장씩 뒤집는다.

❺ A카드와 B카드가 매치가 되면 가져가고, 매치되지 않으면 다시 뒤집어 놓는다.

❻ 카드를 가장 많이 가져 간 사람이 승자가 된다.

이때 해당 단어를 크게 말한다.

TIP

❶ 이 게임은 팀 활동(1팀이 6명, 두 팀)으로 진행해도 재미있다.

❷ A, B카드를 A4 용지에 확대 복사해서 교실 바닥에 뒤집어 놓고 위와 같은 방법으로 진행하면 더욱 활기찬 게임이 될 수 있다.

게임지A

시계	교실	가방	칠판
연필	공책	의자	꽝
컵	문	지우개	꽝
책상	창문	컴퓨터	휴대폰

게임지B

013 우리 동네 가게 이름은?

- 게임 목적 단어 읽기
- 게임 유형 단어 찾기
- 인원 구성 팀
- 필수 학습 모음과 자음, 받침
- 준 비 물 게임지A

게임 준비

❶ 두 명이 한 팀이 된다.
❷ 게임지A를 복사한다.
❸ 각 팀에게 게임지A를 1장씩 준다.

게임 방법

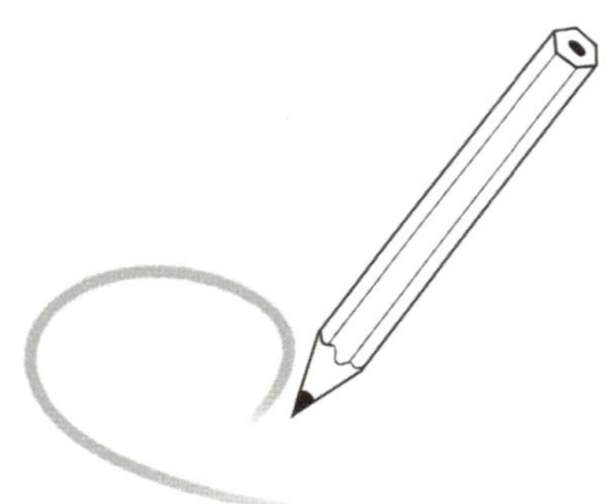

❶ 제한된 시간을 말해 준다.
❷ '시작'과 함께 게임지A를 본다.
❸ 그림 속 간판에 게임지A에 제시된 단어들이 있는지 확인한 후 체크한다.
❹ 교사는 제한된 시간이 되면 '그만'을 외친다.
❺ 학생들은 단어 찾는 행동을 멈춘다.
❻ 교사는 몇 개의 단어를 찾았는지 확인한다.
❼ 이때 학생들은 찾은 단어를 발화해야 한다.
❽ 단어를 가장 많이 찾은 팀이 이긴다.

TIP

❶ 해당 단어들을 한꺼번에 제시하지 않고 교사가 한 단어씩 불러 주고 빨리 찾은 팀에게 점수를 주는 방법도 좋다.
❷ 게임지A를 확대 복사하여 두 팀으로 게임으로 진행하여도 좋다.

게임지A

국민	대한	민국	만세	행복	부산	서울	은하수
정든	꼬꼬댁	뷰티	화목	제주	맛집	세계	김밥

014 속도를 높여라

게임 목적	문장 읽기
게임 유형	스피드
인원 구성	팀 (팀당 4명)
필수 학습	모음과 자음, 받침, 발음 규칙
준 비 물	게임지A, 초시계

게임 준비

❶ 네 명이 한 팀이 된다.
❷ 게임지A를 복사한 후 자른다.
❸ A카드를 한 사람당 1장씩 나눠 준다.

게임 방법

❶ 교사는 학생들에게 읽을 시간을 준다. (교사가 임의로 시간을 정한다)
❷ 교사는 연습 시간이 끝나면 A카드들을 전부 걷는다.
❸ 게임 순서를 결정한다.
❹ 교사는 4명에게 A카드를 각각 한 장씩 준다.
❺ 처음 카드를 주었던 순서와 동일하게 준다.
❻ 조원들은 A카드를 순서대로 읽는다.
❼ 가장 빠른 시간에 A카드들을 읽는 팀이 이긴다.

A학생에게 A카드를 주었다면 다시 줄 때도 A카드를 준다.

게임지A

A

옛날 옛날에 토끼와 거북이가
살았어요. 토끼는 빨랐어요.
거북이는 느렸어요.

B

어느 날, 토끼가 거북이를
느림보라고 놀렸어요.
거북이는 토끼에게 달리기를
하자고 했어요.

C

토끼는 빨리 뛰었어요.
거북이도 열심히 뛰었어요.
하지만 느렸어요.
토끼는 심심해서 잠을 잤어요.
거북이는 열심히 갔어요.

D

토끼는 계속 잤어요.
거북이가 토끼를 지나갔어요.
토끼가 깼어요.
토끼는 깜짝 놀랐어요.
거북이가 이겼어요.

초급 1

015 잘했군, 잘했어.

게임 목적 새로운 사실을 들었을 때 감탄하여 말하기

게임 유형 카드 털기

인원 구성 소그룹 (그룹당 4명)

목표 문형 A/V-(는)군요

준 비 물 게임지A, 게임지B

게임 준비

❶ 4명이 한 그룹이 된다.
❷ 게임지A, 게임지B는 복사한 후 굵은 선에 따라 카드 모양으로 자른다.
❸ A, B 카드는 그룹당 1세트씩 준다.

게임 방법

❶ A카드를 1명당 1장씩 준다.
❷ B카드를 1명당 5장씩 준다.
❸ 학생들에게 A카드의 점선을 따라 그림을 자르게 한다.
❹ 게임할 순서를 정한다.
❺ 첫 번째 사람은 자신이 자른 A카드의 '그림'을 낸다.
❻ 그림을 낸 후 A카드에 적힌 문장을 보고 읽는다.
❼ 나머지 사람들은 각 문장을 듣고 이에 해당되는 B카드를 재빨리 낸다. 이때 목표 문형을 사용해 말해야 한다.
❽ 돌아가면서 ❺~❼을 반복해 진행한다.
❾ 빨리 카드를 터는 사람이 이긴다.

예시

가: (A카드의 그림을 낸 후 카드에 적힌 문장을 읽는다) 우리 아버지는 비행기가 있어요.
나: (B카드 중에서 찾아서 낸다) 부자군요.

우리 아버지는 비행기가 있어요.
아버지는 비행기를 타고 회사에 가요.
우리 집은 방이 100개가 있어요.
제 방은 10층에 있어요.

우리 언니는 영화배우예요.
바빠서 4시간 자요.
우리 언니는 몸무게가 46kg이에요.
언니는 사랑하는 사람이 10명 있어요.

(학생)

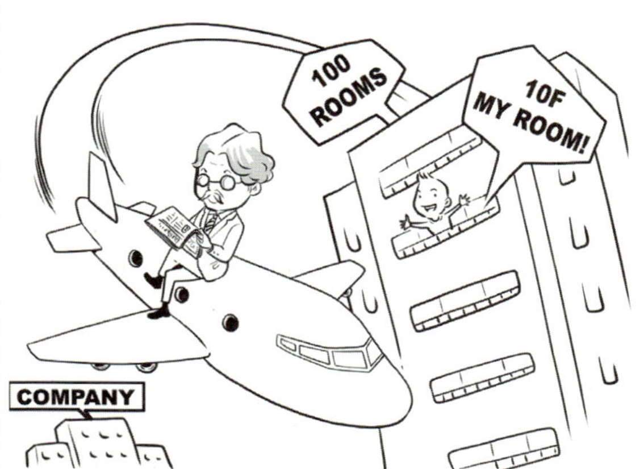

(교사)

우리 형은 매일 요리해요.
세계 음식을 다 만들 수 있어요.
한국어, 영어, 중국어를 말할 수 있어요.
형은 매일 맥주를 10병 마셔요.

우리 오빠는 매일 운동해요.
100m 달리기를 8초에 달려요.
오빠는 운동선수인데 신문에 오빠 사진이 많이 있어요.
오빠는 지금 다리가 아파서 운동을 못해요.

(학생)

(교사)

게임지B

부자	행복하다	크다	높다
돈이 많다	예쁘다	날씬하다	많다
빠르다	유명하다	멋있다	슬프다
일이 많다	행복하다	좋아하다	많이 마시다
좋아하다	(　　)을/를 잘하다	(　　)을/를 잘하다	좋아하다

016 끝까지 갈 사람은 누구?

게임 목적	관형형 어미 말하기
게임 유형	손가락 접기
인원 구성	전체
목표 문형	-(으)ㄴ/는/(으)ㄹ N

게임 준비

❶ 전체를 대상으로 한다.

게임 방법

❶ 현재, 과거, 미래의 관형형 어미를 이용해 문장을 만들 수 있도록 준비 시간을 준다.
❷ 게임할 순서를 정한 후 다른 사람들이 잘 보이도록 다섯 손가락을 편다.
❸ 첫 번째 사람이 관형형 어미를 이용한 문장을 말한다.
❹ 나머지 사람들은 문장을 듣고 자신에게 해당되는 내용이면 손가락을 접는다.
❺ 돌아가면서 ❸~❹를 반복하여 진행한다.
❻ 만약 문장을 잘못 만들면 자신만 손가락을 접어야 한다.
❼ 제일 먼저 다섯 손가락 모두 접은 사람이 벌칙을 받는다.
❽ 벌칙은 교사가 임의로 정해 게임 시작 전에 알려 준다.

예시

교사: 오늘은 손가락 접기 게임을 할 거예요.
(손가락을 펴고) 손가락을 (손가락을 접으며) 다 접으면 져요.
오늘 공부한 문법을 이용해서 말해야 해요.
자, 함께 게임을 해 봅시다.
(선생님이 먼저 시작한다) 남자인 사람은 접으세요.
(남학생들은 손가락을 접는다)
자, 그럼 한 번 해 보세요.

〈순서대로 한다〉

가: 어제 밥을 먹은 사람 접으세요.
나: 오늘 잠을 잘 사람 접으세요.
다: 내일 고향에 갈 사람 접으세요.

〈다섯 손가락 모두 접은 사람이 누구인지 확인한다〉

017 한국 생활 잘할 수 있어요

게임 목적	능력 말하기
게임 유형	YES or NO
인원 구성	짝
목표 문형	-(으)ㄹ 수 있다/없다
준 비 물	활동지A

게임 준비

❶ 두 사람이 짝이 된다.

❷ 활동지A를 복사한다.

게임 방법

❶ 활동지A를 2명당 1장씩 준다.

❷ 게임할 순서를 정한다.

❸ 한 사람이 질문을 하고 다른 사람은 대답을 한다.
이때 목표 문형을 사용해 말해야 한다.

❹ 질문에 대한 대답이 "네"면 '네' 화살표를 따라가고, "아니요"면 '아니요' 화살표를 따라간다.

❺ 끝까지 내려가면 자신이 한국 생활을 잘하고 있는지에 대한 결과를 알 수 있다.

❻ 결과를 본 후, 역할을 바꿔 ❸~❺를 반복하여 진행한다.

❼ 교사는 활동 결과를 확인해 준다.

예시

가: 한국어로 인사할 수 있어요?

나: 네, 인사할 수 있어요.
(YES 화살표를 따라간다)

나: 아니요, 인사할 수 없어요.
(NO 화살표를 따라간다)

- 상대방과 위의 대화를 주고 받으면서 마지막까지 간다.
- 자신의 상태가 어떠한지 이야기한다.

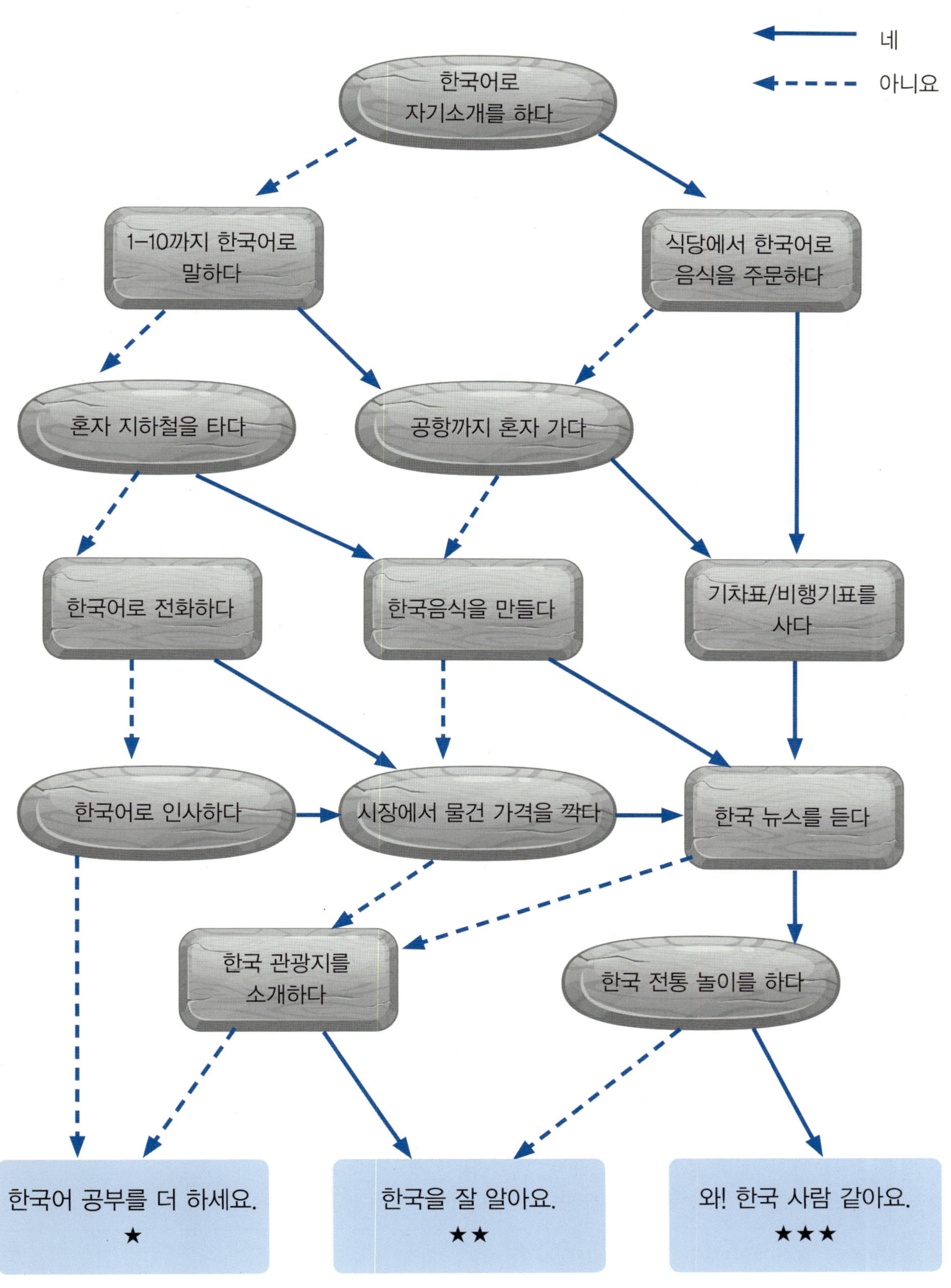
네
아니요
한국어로 자기소개를 하다
1-10까지 한국어로 말하다
식당에서 한국어로 음식을 주문하다
혼자 지하철을 타다
공항까지 혼자 가다
한국어로 전화하다
한국음식을 만들다
기차표/비행기표를 사다
한국어로 인사하다
시장에서 물건 가격을 깍다
한국 뉴스를 듣다
한국 관광지를 소개하다
한국 전통 놀이를 하다
한국어 공부를 더 하세요. ★
한국을 잘 알아요. ★★
와! 한국 사람 같아요. ★★★

018 방법만 알면 OK!

게임 목적	행동 방법을 아는지 모르는지에 대해 말하기
게임 유형	보드
인원 구성	팀 (팀당 6명)
목표 문형	V-(으)ㄹ 줄 알다/모르다
준 비 물	게임지A, 게임지B, 빈 상자, 주사위 1개, 말 2개

게임 준비

❶ 두 팀으로 나눈다.
❷ 게임지A는 확대 복사한 후 칠판에 붙인다.
❸ 게임지B는 복사하여 카드 모양으로 자른 후 빈 상자에 넣는다.

게임 방법

❶ 각 팀에서 1명씩 나온다.
❷ 게임 순서를 정한 후 한 명이 주사위를 굴린다.
❸ 주사위 숫자만큼 보드판의 말을 이동시킨다.
❹ 도착한 칸에 말을 놓는다.
❺ 상대방은 도착한 칸의 그림을 보고 해당 문형을 이용해 질문을 한다.
❻ 주사위를 던진 사람은 질문을 들은 후, 상자에서 B카드를 1장 뽑는다.
❼ 상자에서 O가 적힌 카드가 나오면 '-(으)ㄹ 줄 알다'라고 대답한다.
❽ 상자에서 X가 적힌 카드가 나오면 '-(으)ㄹ 줄 모르다'라고 대답한다.
❾ 대답을 한 후 해당 카드에 적힌 지시대로 수행한다.
❿ 순서를 바꿔서 ❷~❽를 반복하여 진행한다.
⓫ 먼저 '탈출' 지점에 도착한 팀이 승자가 된다.

예시

가: (주사위를 굴린다. 말을 옮긴다)
나: (보드판에 그려진 그림을 보고) 젓가락을 사용할 줄 알아요?
나: (상자에서 B카드를 한 장 뽑는다. ○가 나오면) 네, 젓가락을 사용할 줄 알아요.
(B카드에 적힌 지시 – 앞으로 3칸 가세요 – 대로 수행하면 된다)

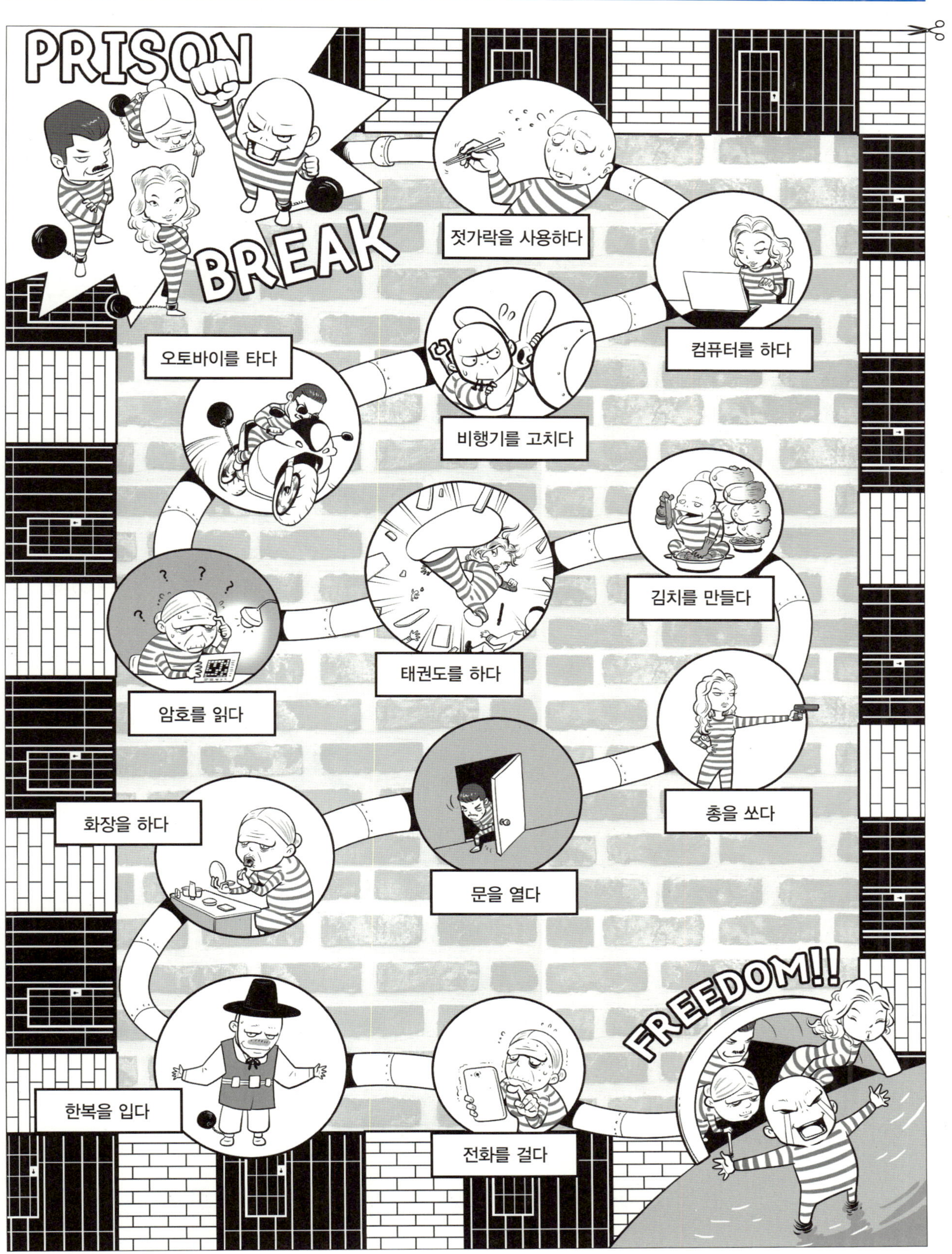
PRISON
BREAK
젓가락을 사용하다
컴퓨터를 하다
오토바이를 타다
비행기를 고치다
김치를 만들다
태권도를 하다
암호를 읽다
총을 쏘다
화장을 하다
문을 열다
FREEDOM!!
한복을 입다
전화를 걸다

게임지B

O 앞으로 두 칸	X 뒤로 두 칸
O 앞으로 세 칸/한 번 더	X 쉬어요
O 상대방의 말을 잡아요	X 다시 출발해요
O 앞으로 6칸 가세요	X 뒤로 4칸 가세요

019 약속해 줘

- 게임 목적　약속 말하기
- 게임 유형　카드 털기
- 인원 구성　소그룹 (그룹당 4명)
- 목표 문형　V-(으)ㄹ게요
- 준 비 물　게임지A, 게임지B, 게임지C

게임 준비

❶ 4명이 한 그룹이 된다.
❷ 게임지A, B, C를 복사한 후 카드 모양으로 자른다.
❸ A, B, C 카드를 한 그룹당 한 세트씩 준다.

게임 방법

❶ A, B카드들은 중앙에 그림이 보이지 않도록 뒤집어 쌓아 놓는다.
❷ C카드는 1명당 4장씩 준다.
❸ 순서를 정한 후 첫 번째 사람이 A카드를 1장 뒤집는다.
❹ 네 명 모두 A카드와 어울리는 C카드가 있으면 내려놓는다.
❺ 전원이 C카드를 내려놓았으면 B카드를 뒤집는다.
❻ B카드와 동일한 C카드를 내려놓은 사람이 카드를 털 수 있다.
❼ 나머지 사람들은 내려놓은 카드를 다시 가지고 간다.
❽ 돌아가면서 ❸~❼을 반복하여 진행한다.
❾ 빨리 손에서 카드를 터는 사람이 승자가 된다.

카드는 번호 순서대로 쌓아 놓아야 한다.

만약, 4명 모두 카드를 못 털 경우, 뒤집은 카드를 다시 쌓아 둔 카드에 넣는다. 이때, A카드와 B카드의 번호가 맞도록 넣어야 한다

예시

가: (A카드를 뒤집는다. A카드에 그려진 그림 상황에서 어떤 약속을 하면 좋을지 C카드를 낸다)
일찍 올게요.
나: (C카드를 낸다) 숙제를 할게요.
다: (C카드를 낸다) 공부를 열심히 할게요.
라: (C카드를 낸다) 공부를 열심히 할게요.

가: A카드를 뒤집은 사람이 B카드도 뒤집는다.
B카드에는 '숙제를 할게요.'가 적혀 있다.
'나'가 정답을 맞혔기 때문에 '나'는 카드를 턴다.

게임지A

❶
일찍 올게요.
❷
미안해요,
운동을 할게요.
❸
죄송해요,
다음부터 담배를
안 피울게요
❹
죄송해요,
숙제를 할게요.
❺
미안해요,
아이하고 놀게요.
❻
죄송해요,
일찍 잘게요.

게임지C

일찍 오다	운동을 하다	담배를 안 피우다	음식을 만들다
운동하다	햄버거를 안 먹다	숙제를 하다	공부를 하다
일찍 자다	자장면을 안 먹다	아이하고 놀다	드라마를 안 보다
담배를 안 피우다	일찍 오다	콜라를 안 마시다	신문을 안 보다

020 우리 함께 춤을 출까요?

 **게임 목적** 청유형 말하기

 **게임 유형** 파트너 찾기

 **인원 구성** 전체

 **목표 문형** V-(으)ㄹ까요?, V-(으)ㅂ시다

준 비 물 게임지A, 빈 상자

게임 준비

❶ 전체를 대상으로 한다.

❷ 게임지A는 2장을 복사한 후 카드 모양으로 자른다.

❸ 게임지B는 복사한 후 카드 모양으로 잘라 상자에 넣는다.

게임 방법

자신의 A카드와 같은 카드를 가진 사람을 찾는다.

❶ A카드를 한 사람당 한 장씩 준다.

❷ 교사는 제한 시간을 알려 준다.

❸ A카드를 받은 후 교실 중앙으로 나온다.

❹ 자신과 같은 주말 계획을 세운 사람을 찾는다.
이때 목표 문형을 사용해 말해야 한다.

❺ 제한 시간 내에 파트너를 찾은 사람은 교사 앞에 선다.

❻ 가장 먼저 교사 앞에 선 팀이 승리 팀이 된다

예시

A: (그림 보고) 우리 같이 여행 갈까요?

B: (같은 그림) 네, 좋아요. 같이 여행을 갈까요?

A: (그림 보고) 우리 같이 여행을 갑시다.

B: (다른 그림) 미안합니다.

A

B

A

B

게임지A

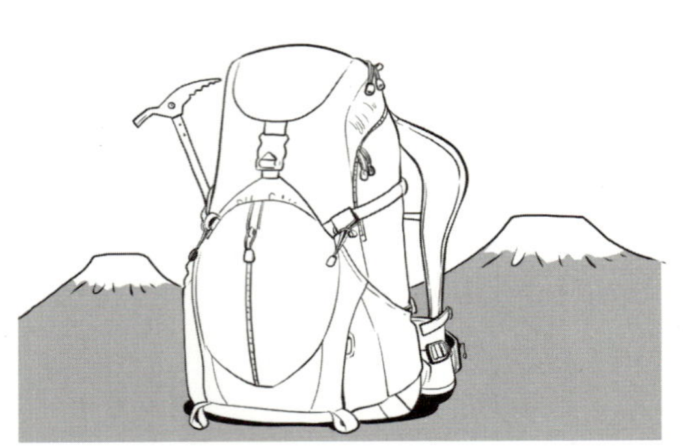 등산을 가다	 사진을 찍다
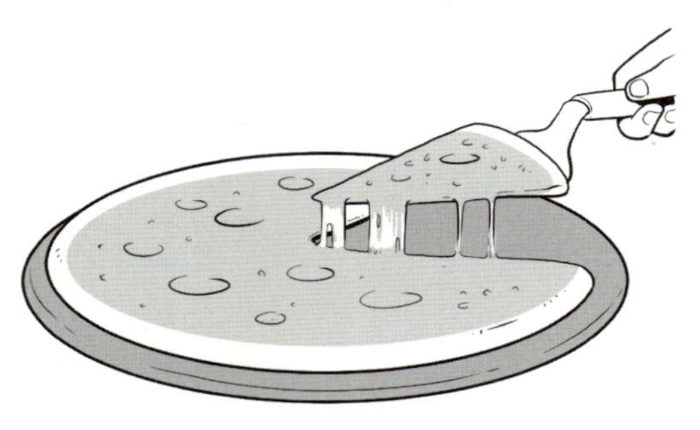 피자를 먹다	 영화를 보다

 쇼핑을 하다	 커피를 마시다
 ★ 음악을 듣다	 공부를 하다

021 사랑을 찾으러 가요

 게임 목적 가는 행위에 대한 목적 말하기

 게임 유형 보드 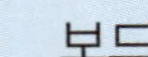

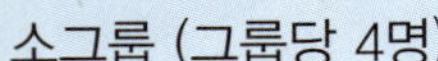

인원 구성 소그룹 (그룹당 4명)

 목표 문형 V-(으)러 가다

 준 비 물 게임지A, 주사위 1개, 말 2개

게임 준비

❶ 4명이 한 그룹이 된다. 다시 그룹 내에서 2명이 한 팀이 된다.

❷ 게임지A를 확대 복사한다.

❸ 주사위 1개와 보드판에 사용될 말 2개를 준비한다.

게임 방법

❶ 게임에 대한 배경 이야기를 교사가 간단히 설명한다.

❷ 게임 순서를 정한 후 첫 번째 팀이 주사위를 굴린다.

❸ 주사위 숫자만큼 말을 이동시킨다.

❹ 도착한 칸에 말을 놓고 해당 그림을 보며 목표 문형을 사용하여 말한다.

❺ 목표문형을 사용하여 문장을 완성하면 해당 하트를 점수로 얻는다.

❻ 하얀 색 하트(여성들이 좋아하는 데이트 코스)는 +1점을 준다. 검은 색 하트(여성들이 싫어하는 데이트 코스)는 –1점을 준다.

❼ 상대 팀 순서가 되면 ❷~❻을 반복해서 진행한다.

❽ 마지막 도착지점에서 점수가 높은 팀이 이긴다. 하트를 더 많이 받은 팀이 이겨 그녀와 커플이 된다.

게임 배경 이야기

· 두 남자와 한 여자가 있습니다.

· 두 남자는 한 여자를 좋아합니다.

· 그래서 두 남자는 그 여자와 데이트를 할 겁니다.

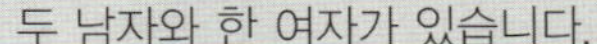

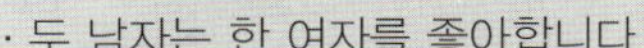

· 데이트를 하면서 점수를 많이 얻은 사람이 여자와 커플이 됩니다.

예시

"영화를 보러 갔어요." 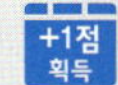

"커피숍에 커피를 마시러 갔어요." 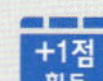

"짜장면을 먹으러 갔어요." 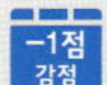

사랑을 찾으러 가요

게임지A

♡+1 ♥−1

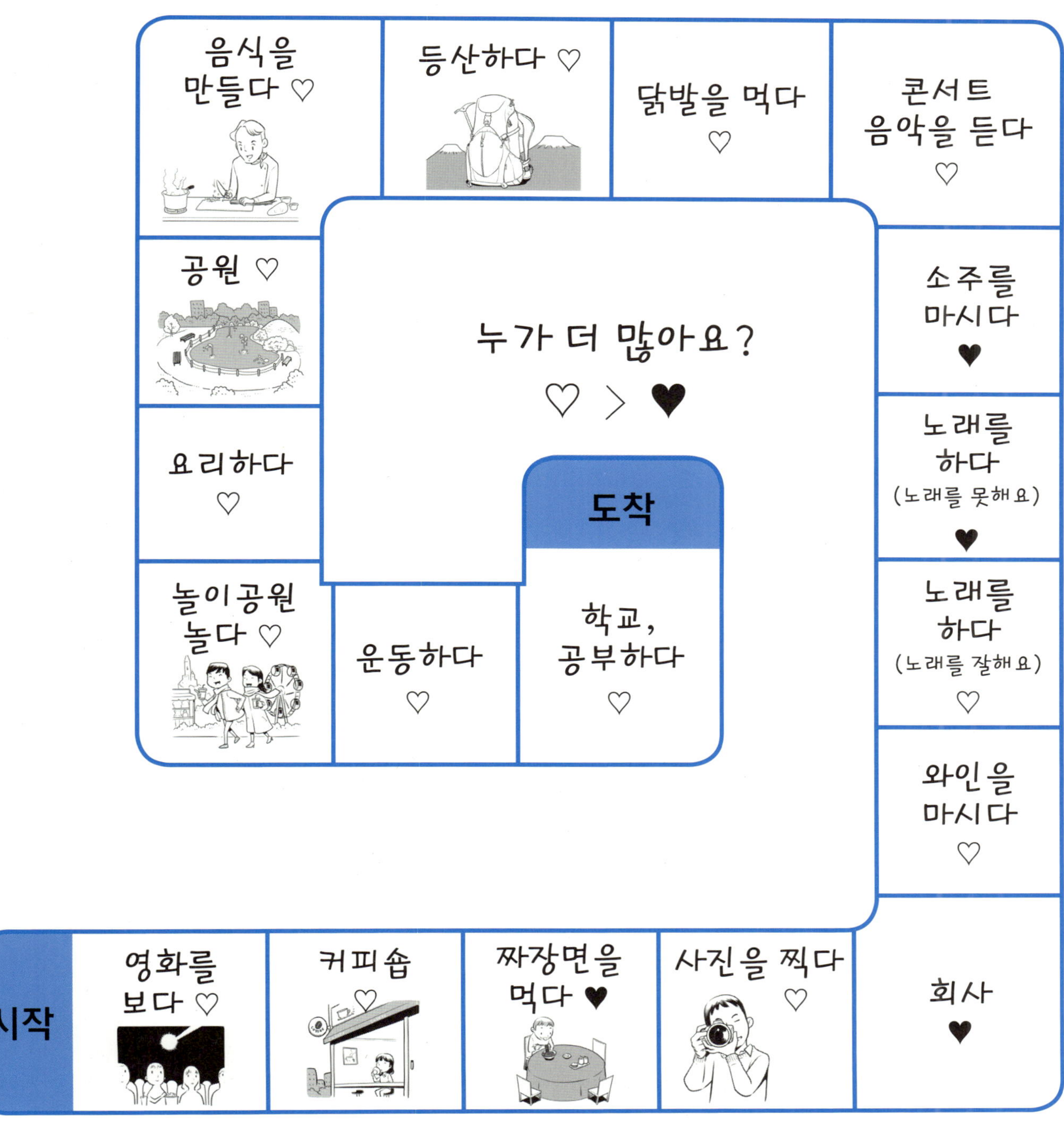

022 우리들은 하나!

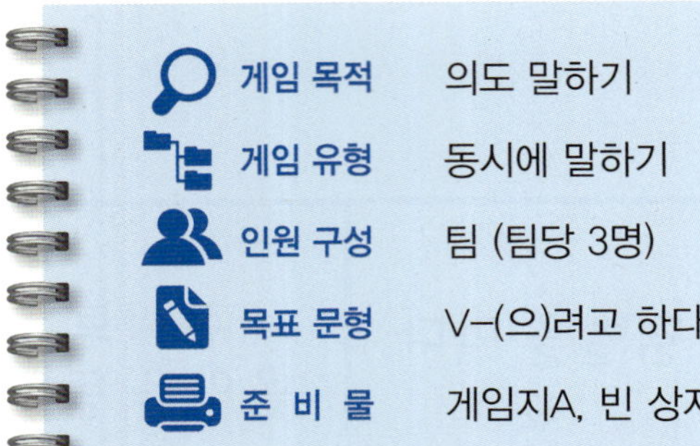

- 게임 목적 의도 말하기
- 게임 유형 동시에 말하기
- 인원 구성 팀 (팀당 3명)
- 목표 문형 V-(으)려고 하다
- 준 비 물 게임지A, 빈 상자

게임 준비

❶ 3명이 한 팀이 된다.

❷ 게임지A는 복사한 후 카드 모양으로 잘라서 상자에 넣는다.

❸ 의자 2개의 등을 맞대어 놓아둔다.

게임 방법

❶ 팀별로 순서대로 나와 2명은 서로의 등을 맞대고 앉는다.

❷ 나머지 1명이 상자에서 A카드를 1개씩 뽑아 질문한다.

❸ 팀당 4개의 질문을 한다.

❹ 질문이 끝남과 동시에 두 학생은 목표 문형을 사용해서 대답한다.

❺ 다음 팀부터 ❶~❹를 반복하여 진행한다.

❻ 같은 대답을 많이 한 팀이 '절친'을 인정받고 승자가 된다.

TIP

❶ 학생들이 동시에 대답을 할 수 있도록 교사가 신호로 유도하는 것이 좋다

❷ 게임 진행 시간을 단축시키기 위해서 간단하게 명사로 대답하게 해도 된다. 예 "아침"

예시

① 가: 아침, 저녁 / 언제 운동하려고 해요?
나: 아침에 운동하려고 해요. (아침)
다: 저녁에 운동하려고 해요. (저녁)

② 가: 사과, 딸기 / 무엇을 사려고 해요?
나: 사과를 사려고 해요. (사과)
다: 사과를 사려고 해요. (사과)

게임지A

아침, 저녁 / 언제 운동하려고 해요?
짜장면, 짬뽕 / 무엇을 먹으려고 해요?
사과, 딸기 / 무엇을 사려고 해요?
맥주, 소주 / 무엇을 마시려고 해요?
극장, 도서관 / 어디에 가려고 해요?
책, 영화표 / 친구의 생일이에요. 어느 것을 주려고 해요?
금요일, 토요일 / 무슨 요일에 쇼핑을 하려고 해요?
한식집, 중국집 / 어디에서 식사하려고 해요?
택시, 지하철 / 무엇을 타려고 해요?
한국어, 영어 / 어느 나라 말을 배우려고 해요?
제주도, 부산 / 어디로 여행 가려고 해요?
백화점, 동대문시장 / 어디에서 쇼핑하려고 해요?
아메리카노, 카페라떼 / 무슨 커피를 마시려고 해요?
애인, 친구 / 주말에 누구를 만나려고 해요?
비빔밥, 김밥 / 점심에 무엇을 먹으려고 해요?
한국영화, 일본영화 / 어느 나라 영화를 보려고 해요?

023 내 손을 잡으려면?

 **게임 목적** 원하는 일을 하기 위한 조건 말하기

 **게임 유형** 미션 달성

 **인원 구성** 전체

 **목표 문형** V-(으)려면

준 비 물 게임지A, 게임지B, 스티커 36개, 빈 상자 2개, 게임지B 관련 물품

게임 준비

❶ 전체를 대상으로 한다.
❷ 게임지A, B를 복사한 후 카드 모양으로 자른다.
❸ A카드와 B카드를 각각 따로 빈 상자에 넣는다.
❹ 학생들에게 스티커를 3개씩 나눠 준다.

게임 방법

❶ 학생들은 두 개의 상자에서 A카드와 B카드를 1장씩 카드를 뽑는다. (A카드: 미션, B카드: 조건)
❷ 교사가 '시작'을 외치면 학생들은 동시에 게임을 진행한다.
❸ 친구들에게 자신이 뽑은 A카드의 미션을 부탁한다.
❹ 부탁을 들은 사람은 가지고 있는 B카드를 사용해서 상대방에게 "V-(으)려면 V-(으)세요"로 말한다.
❺ 자신이 말한 조건대로 친구가 행동하면, 그 친구가 원하는 것을 해 주고 친구의 이마에 스티커를 붙인다.
❻ 친구 3명에게 자신이 수행할 미션을 말하고 먼저 이마에 스티커 3장을 받는 사람이 승자가 된다.

예시

A카드(미션내용) [~씨의 노래가 듣고 싶어요] 가: OO씨의 노래를 듣고 싶어요.
B카드(명령내용) [춤을 추다] 나: 제 노래를 들으려면 춤을 추세요.
〈가〉가 춤을 잘 추면 노래를 불러 준 후에 〈가〉의 이마에 스티커를 붙여준다.

A카드(미션내용) [~씨의 신발을 신고 싶어요] 가: OO씨의 신발을 신고 싶어요.
B카드(명령내용) [엉덩이로 이름을 쓰다] 나: 제 신발을 신으려면 엉덩이로 이름을 쓰세요.
〈가〉가 엉덩이로 이름을 쓰면 신발을 준 후에 〈가〉의 이마에 스티커를 붙여준다.

~씨의 노래를 듣고 싶어요.	제 볼에 뽀뽀를 받고 싶어요.	~씨를 안고 싶어요.
커피를 마시고 싶어요.	~씨의 신발을 신고 싶어요.	~씨의 얼굴을 만지고 싶어요.
~씨의 전화번호를 알고 싶어요.	~씨의 무릎 위에 앉고 싶어요.	~씨에게 뽀뽀하고 싶어요.
~씨의 손을 잡고 싶어요.	~씨의 춤을 보고 싶어요.	~씨하고 팔씨름을 하고 싶어요.

게임지B

엉덩이로 이름을 쓰다	물을 한 병 마시다	10번 박수치다
춤을 추다	토끼뜀을 10번 뛰다	윗몸 일으키기를 5번 하세요
나를 업다	‘곰 세 마리’노래를 부르다	팔굽혀 펴기를 5번 하다
레몬을 먹다	제자리에서 10번 돌다	5분, 숨을 쉬지 마세요

024 사랑은 연필로 쓰세요!

게임 목적 수단과 방법의 표현 말하기
게임 유형 기억력
인원 구성 팀 (팀당 6명)
목표 문형 N–(으)로 [수단/방법]
준 비 물 게임지A, 게임지B

게임 준비

❶ 두 팀으로 나눈다.
❷ 게임지A는 확대 복사한 후 카드 모양으로 자른다.
❸ 게임지B는 〈가〉와 〈나〉를 각각 6장씩 복사한다.
❹ 한 팀은 〈가〉카드를 다른 팀에게는 〈나〉카드를 팀원 모두에게 1장씩 나눠 준다.

게임 방법

❶ 게임의 순서를 정한다.
❷ 진 팀의 대표가 책상 위에 A카드를 그림이 보이게 펼쳐 놓는다.
❸ 이긴 팀의 팀원들이 나와 10초 동안 책상에 펼쳐져 있는 그림 카드의 위치를 외운다.
❹ 교사는 A카드를 그림이 보이지 않게 뒤집어 놓는다.
❺ 진 팀의 팀원들이 B카드에 있는 질문을 돌아가면서 한다.
❻ 이긴 팀의 팀원들은 뒤집어져 있는 A카드를 1장 뒤집으면서 해당 문형을 사용해 대답한다. (질문 1개당 카드는 1번만 뒤집을 수 있다)
❼ 알맞은 대답을 하면 점수를 획득한다.
❽ 질문에 어울리지 않은 카드를 뒤집으면 점수를 얻지 못한다.
❾ 잘못 뒤집은 카드는 그림이 보이지 않게 다시 뒤집어 놓는다.
❿ 같은 방식으로 팀을 바꾸어서 다시 한다.
⓫ 많은 점수를 획득한 팀이 승자가 된다.

TIP
마지막으로 교사가 오늘 배운 재료들을 "N–은/는 N–(으)로 V" 형식으로 정리해 주면 더 좋다

예시

진 팀: 인도사람들은 무엇으로 밥을 먹어요?
이긴 팀: (A카드를 1장 뒤집으면서) 손으로 밥을 먹어요.
진 팀: 부모님께 무엇으로 연락해요?
이긴 팀: (A카드를 1장 뒤집으면서) 부모님께 핸드폰으로 연락해요.

게임지A

게임지B

가

1	인도 사람들은 무엇으로 밥을 먹어요?
2	고향에 무엇으로 가요?
3	무엇으로 편지를 써요?
4	부모님께 무엇으로 연락을 해요?
5	부산에 무엇으로 가요?
6	무엇으로 머리를 잘라요?
7	무엇으로 스테이크를 먹어요?

나

1	한국 사람들은 국을 무엇으로 먹어요?
2	제주도에 무엇으로 가요?
3	고향 친구에게 무엇으로 연락해요?
4	무엇으로 종이를 잘라요?
5	서울 명동에 무엇으로(어떻게) 가요?
6	무엇으로 숙제를 해요
7	무엇으로 과일을 깎아요?

025 피오나 공주~ 슈렉 왕자 구하기!

게임 목적	방향 말하기
게임 유형	술래잡기
인원 구성	팀 (팀당 6명)
목표 문형	N–(으)로 가다/오다 [방향]
준 비 물	안대

게임 준비

❶ 두 팀으로 나눈다.
❷ 술래 팀과 장애물 팀으로 나눈다.
❸ 술래 팀에서 '피오나 공주'와 '슈렉 왕자'를 뽑는다.

게임 방법

❶ 게임에 대한 배경 이야기를 교사가 간단히 설명한다.
❷ 장애물 팀은 공주가 쉽게 왕자를 찾지 못하도록 장애물 역할을 한다.
❸ 피오나 공주(술래)는 안대를 하고 문 앞에 서 있는다.
❹ 요정들(술래 팀의 팀원)은 장애물 팀원들 사이에 서 있는다.
❺ 요정들은 박수를 치고 소리를 질러서 공주를 왕자가 있는 곳으로 안내한다.
❻ 요정들은 공주가 상대 팀원들과 부딪치지 않고 왕자를 구할 수 있도록 목표 문형을 사용해 크게 말한다.
❼ 공주가 상대팀과 5번 이상 부딪치면 이 게임은 상대팀이 승리한다. 공주가 상대팀과 부딪치지 않고 왕자가 있는 곳까지 가는 것이 중요하다.
❽ 같은 방식으로 팀을 바꾸어서 다시 한다.
❾ 빠른 시간 내에 왕자를 찾는 팀이 승리한다.

슈렉 왕자와 피오나 공주는 서로 사랑했습니다. 이웃나라 나쁜 마녀도 슈렉 왕자를 좋아했습니다. 마녀는 슈렉 왕자와 결혼하고 싶어서 왕자를 납치했습니다.
용감한 피오나 공주는 슈렉 왕자를 찾고 싶어서 마녀의 나라에 갔습니다. 마녀의 마법으로 피오나 공주는 앞을 볼 수 없습니다. 지금 요정들 (4명)과 함께 피오나 공주는 왕자를 구하기 위해 떠납니다.

TIP

활발한 진행을 위한 TIP

❶ 좀 더 활동적인 진행을 원한다면 장애물 팀의 학생들의 자리를 조금씩 이동할 수 있게 해도 좋다. 이 경우에는 장애물과 부딪치는 횟수와 상관없이 게임을 진행하도록 한다.
❷ 게임의 난이도를 높이기 위해 책상이나 의자 등으로 교실 안에 다른 장애물을 만들어도 좋다. 다만 안전을 위해 장애물의 높이를 높게 하지 말아야 한다.

예 "앞으로 가세요." "오른쪽으로 가세요." "왼쪽으로 가세요." "조금 옆으로 가세요." "뒤로 가세요."

026 왜 그랬어요?

게임 목적 이유 말하기
게임 유형 카드 모으기
인원 구성 소그룹 (그룹당 3명)
목표 문형 N-(으)로 [이유]
준 비 물 게임지A, 게임지B

게임 준비

❶ 3명이 한 그룹이 된다
❷ 게임지A, B를 복사한 후 카드 모양으로 자른다.
❸ 각 그룹에 A, B카드를 한 세트씩 나누어 준다.

게임 방법

❶ A카드를 책상 중앙에 뒤집어 쌓아 놓는다.
❷ B카드는 학생들에게 각각 4장씩 나누어 준다.
❸ 순서를 정한 후 첫 번째 사람이 자신이 가지고 있는 B카드를 1장 내면서 목표 문형으로 말하고, A카드를 1장 뒤집는다.
❹ B카드와 A카드를 연결시켜 문장이 완성되면 해당 카드를 가져간다.
❺ 문장이 부자연스러우면 A카드를 다시 섞어 포개어 놓는다.
❻ A카드가 없어질 때까지 ❸~❹번의 방식으로 게임을 진행한다.
❼ 카드를 가장 많이 가진 사람이 승자가 된다.

TIP
게임지B의 어휘가 어려울 경우, 다른 어휘로 대체하거나 제시된 어휘들을 미리 설명해도 좋다

예시

가: (B카드 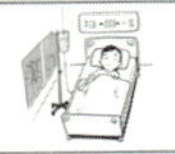 를 내면서) 병으로 죽었어요.

(A카드를 뒤집고 말한 것과 같은 그림  이면 A, B카드를 모두 가져간다)

나: (B카드  를 내면서) 교통사고로 죽었어요.

(A카드를 뒤집고 말한 것과 다른 그림  이면 B카드는 가져가고 A카드는 다시 섞어 놓는다)

게임지A

병원에 가다
죽다
죽다
친구하고 싸우다
입원하다
헤어지다
힘들다
걱정하다
교통사고가 나다
약국
약을 먹다
시험을 못 보다
약국
약을 먹다

게임지B

콜록
콜록
감기
NO!!
부모님 반대
교통사고
성적문제
비
스트레스
병
눈(내리는 눈)
오해
1,749,643
불면증
두통
Tabaco
담배

027 뭐로 만드니?

	게임 목적	음식이나 물건의 재료 말하기
	게임 유형	카드 털기
	인원 구성	소그룹 (그룹당 4명)
	목표 문형	N-(으)로 만들다(재료)
	준 비 물	게임지A, 게임지B

게임 준비

❶ 4명이 한 그룹이 된다.
❷ 게임지A, B를 확대 복사한 후 카드 모양으로 자른다.
❸ 각 그룹에 A카드와 B카드를 한 세트씩 나누어 준다.

게임 방법

❶ A카드는 중앙에 그림이 보이지 않게 뒤집어 쌓아 놓는다.
❷ B카드를 학생들에게 각각 4장씩 나누어 준다.
❸ 순서를 정한 후 첫 번째 사람이 A카드를 1장 뒤집는다.
❹ A카드의 재료가 되는 B카드를 가지고 있을 경우, 목표 문형을 말하며 1장 낸다.
❺ 어울리는 B카드가 없을 경우 A카드는 다시 섞어 놓는다.
❻ 돌아가면서 ❸~❺를 반복한다.
❼ 가장 빨리 B카드를 터는 사람이 이긴다. 만약 B카드보다 A카드가 먼저 없어진다면 B카드를 가장 적게 가진 사람이 이긴다.

TIP
"N-은/는 N-(으)로 만들어요"를 설명한 후 게임을 진행한다.

A카드: 빵그림  경우

가: (B카드  내면서) 빵은 밀가루로 만들어요.

A카드: 치즈 그림 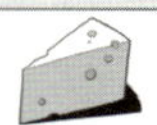 경우

나: (B카드  내면서) 치즈는 우유로 만들어요.

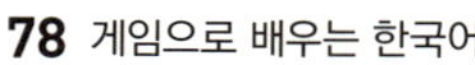

게임지A

빵
떡
김치
삼계탕
치즈
막걸리
불고기
두부
종이
의자
포도주
가지고 있는 카드 1장 버리기
된장찌개
케찹
아이스크림
감자튀김
매운탕
팝콘
팥빙수
소시지

게임지B

028 우리는 단짝 친구!

게임 목적	선택하여 말하기
게임 유형	동시에 말하기
인원 구성	팀 (팀당 2명)
목표 문형	N-(으)로 주세요 (선택)
준 비 물	게임지A, 빈 상자

게임 준비

❶ 2명이 한 팀이 된다.
❷ 게임지A를 3장 복사한 후 잘라서 한 세트만 접은 후 상자에 넣는다.
❸ 남은 두 세트는 교사가 가지고 있는다.
❹ 의자 2개의 등을 맞대어 놓아둔다.

TIP

❶ 팀원은 교사가 평소 친하다고 생각하는 친구들로 짝을 지어준다.
❷ 만약 학생들이 빨리 대답을 못할 경우 번호표(1,2)를 만들어 대답을 유도할 수 도 있다. "1번으로 주세요."

게임 방법

❶ 팀별로 순서대로 나와 등을 맞대고 앉는다.
❷ 학생 중 1명이 빈 상자에서 A카드를 1장 뽑는다.
❸ 교사는 학생이 뽑은 A카드와 동일한 카드를 두 사람에게 각각 나눠 준다.
(앉아 있는 두 학생은 서로 이야기를 할 수 없다)
❹ 교사는 A카드를 질문한다. (다른 학생이 읽어도 좋다)
❺ 교사의 질문이 끝남과 동시에 두 학생은 목표 문형을 사용해서 대답한다.
❻ 다음 팀부터 ❶~❺을 반복하여 진행한다.
❼ 같은 대답을 많이 한 팀이 승자가 되어 그 반 최고의 '베프'로 공식 선정된다.

예시

① 교　사: 비빔밥을 드릴까요? 갈비탕을 드릴까요?
학생 가: 비빔밥으로 주세요. (1번으로 주세요.)
학생 나: 비빔밥으로 주세요. (1번으로 주세요.)

② 교　사: 운동화를 드릴까요? 구두를 드릴까요?
학생 가: 운동화로 주세요. (1번으로 주세요.)
학생 나: 구두로 주세요. (2번으로 주세요.)

게임지A

가

비빔밥을 드릴까요? 갈비탕을 드릴까요?	❶ 비빔밥	❷ 갈비탕
운동화를 드릴까요? 구두를 드릴까요?	❶ 운동화	❷ 구두
소고기를 드릴까요? 돼지고기를 드릴까요?	❶ 소고기	❷ 돼지고기
빨간색 티셔츠를 드릴까요? 노란색 티셔츠를 드릴까요?	❶ 빨간색 티셔츠	❷ 노란색 티셔츠

나

딸기를 드릴까요? 수박을 드릴까요?	❶ 딸기	❷ 수박
짜장면을 드릴까요? 짬뽕을 드릴까요?	❶ 짜장면	❷ 짬뽕
바닐라 아이스크림을 드릴까요? 초코 아이스크림을 드릴까요?	❶ 바닐라 아이스크림	❷ 초코 아이스크림
떡볶이를 드릴까요? 김밥을 드릴까요?	❶ 떡볶이	❷ 김밥

다

오렌지 주스를 드릴까요? 키위 주스를 드릴까요?	❶ 오렌지 주스	❷ 키위 주스
순대를 드릴까요? 김치 볶음밥을 드릴까요?	❶ 순대	❷ 김치 볶음밥
칵테일을 드릴까요? 막걸리를 드릴까요?	❶ 칵테일	❷ 막걸리
콜라를 드릴까요? 물을 드릴까요?	❶ 콜라	❷ 물

라

된장찌개를 드릴까요? 김치찌개를 드릴까요?	❶ 된장찌개	❷ 김치찌개
참치 김밥을 드릴까요? 소고기 김밥을 드릴까요?	❶ 참치 김밥	❷ 소고기 김밥
맥주를 드릴까요? 소주를 드릴까요?	❶ 맥주	❷ 소주
사과를 드릴까요? 바나나를 드릴까요?	❶ 사과	❷ 바나나

마

불고기 피자를 드릴까요? 치즈 피자를 드릴까요?	❶ 불고기 피자	❷ 치즈 피자
카푸치노를 드릴까요? 카페라떼를 드릴까요?	❶ 카푸치노	❷ 카페라떼
양고기를 드릴까요? 닭고기를 드릴까요?	❶ 양고기	❷ 닭고기
갈비탕을 드릴까요? 삼계탕을 드릴까요?	❶ 갈비탕	❷ 삼계탕

바

와인을 드릴까요? 맥주를 드릴까요?	❶ 와인	❷ 맥주
포도를 드릴까요? 파인애플을 드릴까요?	❶ 포도	❷ 파인애플
녹차를 드릴까요? 홍차를 드릴까요?	❶ 녹차	❷ 홍차
양념치킨을 드릴까요? 후라이드치킨을 드릴까요?	❶ 양념치킨	❷ 후라이드치킨

029 할 수 있으면 GO

- 게임 목적: 조건 말하기
- 게임 유형: 미션 달성
- 인원 구성: 팀 (팀당 6명)
- 목표 문형: A/V-(으)면
- 준 비 물: 게임지A, 빈 상자, 윷놀이 말(6개), 게임지A에 있는 물품

게임 준비

❶ 두 팀으로 나눈다.

❷ 칠판에 윷놀이 게임판을 크게 그린다. ➡

❸ 게임지A는 2장을 복사해서 카드 모양으로 자른 후 접어서 빈 상자에 넣는다.

❹ 각 팀에 윷놀이 말을 3개씩 나눠 주고, 기본적인 윷놀이 규칙을 설명한다.

게임 방법

❶ 순서를 정한 후, 팀별로 돌아가면서 빈 상자에서 A카드를 1장씩 뽑는다.

❷ A카드를 뽑은 사람이 해당 문형을 사용해 수행해야 할 미션을 크게 말한다.

❸ 나머지 팀원들은 미션을 수행한 후에 말을 움직인다.

❹ 미션을 수행하지 못하면 상대팀에게 기회가 넘어간다.

❺ 앞 팀의 말을 잡으면 두 번의 기회가 주어진다.

❻ 팀 별로 돌아가면서 ❶~❺번을 반복한다.

❼ 가장 먼저 말 세 개가 윷놀이 판을 나오면 이긴다.

예시

- 뽑은 A카드 내용 ['곰 세 마리'를 부르다 ⇨ 앞으로 3칸]

  가: 곰 세 마리를 부르면 앞으로 3칸 가세요.

  (나머지 팀원들은 노래를 부른 후 말을 말판에서 3칸 앞으로 움직인다. 만약 노래를 끝까지 못 부르면 말을 움직이지 않는다)

- 뽑은 A카드 내용 [3분 숨을 안 쉬다 ⇨ 앞으로 2칸]

  가: 3분 숨을 안 쉬면 앞으로 2칸 가세요.

  (나머지 팀원들은 3분 동안 숨을 안 쉰 후 말을 말판에서 2칸 앞으로 움직인다. 만약 3분을 참을 수 없으면 말을 움직이지 않는다)

- 뽑은 A카드 내용 [트위스트 춤을 추다 ⇨ 앞으로 2칸 / 못 추다 ⇨ 뒤로 1칸]

  가: 트위스트 춤을 추면 앞으로 2칸 가세요. 못 추면 뒤로 1칸 가세요.

  (나머지 팀원들은 춤을 춘 후 말을 말판에서 2칸 앞으로 움직인다. 만약 못 추면 뒤로 1칸 움직인다)

'곰 세 마리'를 부르다 ➡ 앞으로 3칸	엉덩이 춤을 추다 ➡ 앞으로 1칸	선생님하고 가위바위보 해서 이기다 ➡ 앞으로 5칸 가위바위보 해서 지다 ➡ 뒤로 1칸
옆 사람 볼에 뽀뽀하다 ➡ 앞으로 1칸	엉덩이로 이름을 쓰다 ➡ 앞으로 1칸	3분 숨을 안 쉬다 ➡ 앞으로 2칸
제기를 5번 차다 ➡ 앞으로 2칸 제기를 5번 못 차다 ➡ 뒤로 1칸	콜라 한 병(캔)을 쉬지 않고 마시다 ➡ 앞으로 3칸 콜라 한 병(캔)을 못 마시다 ➡ 뒤로 1칸	선생님하고 팔씨름해서 이기다 ➡ 앞으로 2칸 선생님하고 팔씨름해서 지다 ➡ 뒤로 2칸
제자리에서 10번 돌다 ➡ 앞으로 2칸	선생님의 전화번호를 말하다 ➡ 앞으로 3칸 전화번호를 못 말하다 ➡ 뒤로 1칸	트위스트 춤을 추다 ➡ 앞으로 2칸 트위스트 춤을 못 추다 ➡ 뒤로 1칸

030 나는 왕이로소이다!

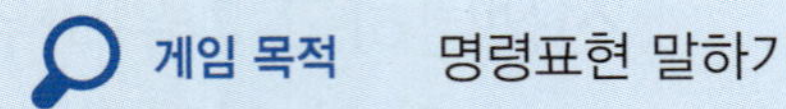

게임 목적	명령표현 말하기
게임 유형	명령 수행
인원 구성	팀 (팀당 6명)
목표 문형	V-(으)세요, V-(으)십시오
준 비 물	게임지A, 빈 상자, 벌칙에 사용될 물품

게임 준비

❶ 두 팀으로 나눈다.
❷ 게임지A는 복사한 후 카드 모양으로 자른다.
❸ 자른 A카드는 접어 빈 상자에 넣는다.
❹ 왕의 수만큼 의자를 앞에 나란히 가져다 놓는다.

TIP

❶ 학생들의 수준에 따라 명령카드를 미리 만들어 상자에 넣은 후 '왕'들이 뽑아 명령하게 해도 된다.
❷ 좀 더 다양한 벌칙카드를 추가해도 좋다.

게임 방법

❶ 먼저 왕이 될 팀을 정한다. 진 팀은 노예가 된다.
❷ 노예가 된 팀은 나란히 서서 왕들의 명령을 기다린다.
❸ 왕이 된 팀은 돌아가면서 각 노예들에게 차례대로 목표 문형을 사용해서 명령을 한다.
❹ 노예가 왕의 명령을 수행하지 못했을 경우, 왕은 상자에서 A카드(벌칙카드)를 1장 뽑아 벌칙을 명령한다.
❺ 같은 방식으로 팀을 바꾸어서 다시 한다.
❻ 벌칙을 많이 받은 팀이 진다.

웃다	'곰 세 마리'를 노래하다	풍선을 터트리다
'강남 스타일' 춤을 추다	제자리에서 10바퀴 돌다	○○에게 뽀뽀하다
한쪽 신발을 벗다	박수를 30번 치다	엉덩이로 이름을 쓰다
선생님을 업다	물을 한 병 마시다	신발과 양말을 벗다
한 발로 10번 뛰다	윗몸 일으키기를 5번 하다	울다

031 뒤를 조심해 ①

게임 목적	두 가지 행동 중 한 가지를 선택하기
게임 유형	런닝맨
인원 구성	전체
목표 문형	N-(이)나 [선택]
준 비 물	게임지A, 게임지B, 차임벨, 스티커

게임 준비

❶ 전체를 대상으로 한다.

❷ 게임지A를 확대 복사한 후 카드 모양으로 자른다.

❸ 게임지B는 1장 복사해서 교사가 가지고 있는다.

❹ 교사가 A카드를 학생들의 등에 1장씩 붙인다. 학생들은 자기 카드를 볼 수 없다

게임 방법

❶ 교사가 B카드의 질문을 한다.

❷ 질문에 어울리는 A카드를 2명의 친구 등에서 찾아내어 뗀다. 이때 친구들이 자신의 등에 있는 종이를 못 떼게 방해할 수 있다.

❸ 종이를 뗀 사람은 그 종이를 가지고 차임벨을 누른 후에 종이를 보여주면서 목표 문형을 사용해 말한다.

❹ 교사는 발화가 맞으면 "합격"이라고 말하며 종이에 스티커를 붙여 준다. (합격 도장을 찍어 줘도 좋다)

❺ '합격'을 받은 사람은 계속해서 게임에 참가할 수 있다.

❻ ❶~❹를 반복하여 진행한다.

❼ '합격 스티커'를 많이 받은 사람이 승자가 된다.

TIP

❶ 더 많은 활동을 원할 경우에는 게임지A를 2장 복사하여 학생들의 등에 2장씩 붙이고, 게임지A가 답이 될 질문을 6개 더 만들어 게임을 진행한다

❷ 학생들의 수준이 높을 경우에는 명사 카드를 학생들의 등에 붙이고 같은 방식으로 게임을 진행해도 좋다

예시

선생님 질문: 배가 고파요. 무엇을 먹어요?

학생: (친구의 등에서 뗀 종이를 보여주면서  ) 라면이나 빵을 먹어요.

선생님 질문: 서울에 가요. 무엇을 타요?

학생: (친구의 등에서 뗀 종이를 보여주면서  ) 버스나 지하철을 타요.

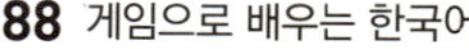

가
나
다
라
마

게임지B

1	배가 고파요. 무엇을 먹어요?
2	서울에 가요. 무엇을 타요
3	생일이에요. 무엇을 줘요?
4	더워요. 무엇을 먹어요?
5	비가 와요. 무엇을 해요?
6	슬퍼요. 누구에게 전화해요?

032 나의 하루는?

게임 목적	상대방의 이야기를 듣고 추측하기
게임 유형	카드 모으기
인원 구성	소그룹 (그룹당 4명)
목표 문형	V-겠(추측)-
준 비 물	게임지A, 게임지B

게임 준비

❶ 4명이 한 그룹이 된다.
❷ 게임지A, B를 복사한 후 카드 모양으로 자른다.
❸ A, B카드를 한 그룹당 한 세트씩 준다.

게임 방법

❶ A카드를 책상에 뒤집어 쌓아 놓는다.
❷ B카드는 한 사람당 5장씩 갖는다.
❸ 게임 순서를 정한 후 첫 번째 사람이 A카드를 뒤집는다.
❹ A카드의 그림을 본 후 추측한다.
❺ B카드들 중에서 A카드의 상황을 추측할 수 있는 카드를 재빨리 낸다.
❻ 먼저 카드를 낸 사람이 A카드를 가져올 수 있다.
❼ 카드를 가장 많이 가진 사람이 승자가 된다.

예시

가: (A카드를 1장 뒤집는다)
가, 나, 다, 라: (자신의 B카드 중 A카드 상황에 맞는 카드를 찾는다)
나: (재빨리 자신의 B카드를 내며) 피곤하겠어요.
(A카드를 가져 온다)

게임지A

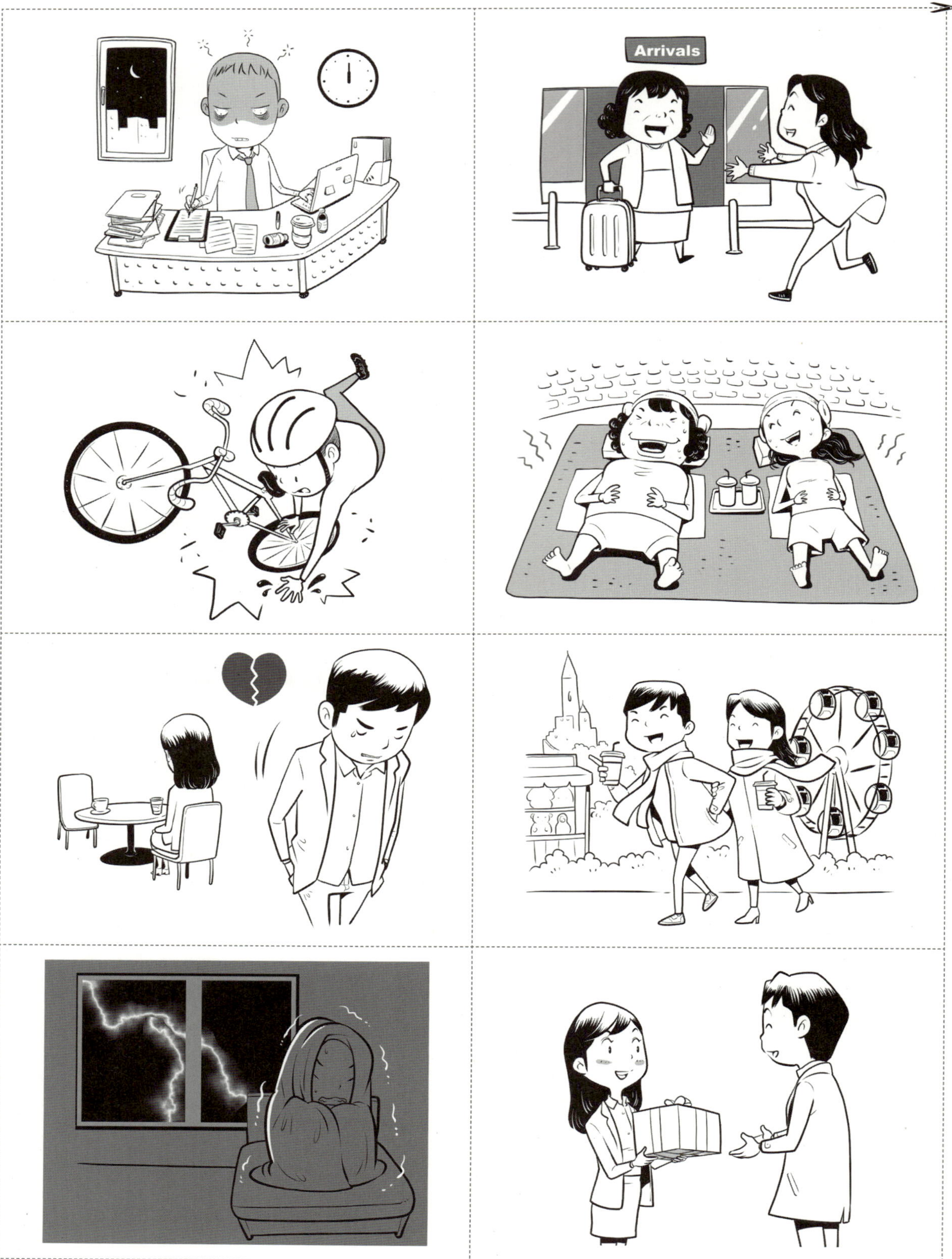

피곤하다	행복하다	기쁘다	아프다
슬프다	외롭다	좋다	반갑다
좋아하다	피곤하다	행복하다	좋다
재미있다	재미없다	무섭다	기쁘다
아프다	외롭다	좋다	재미없다

033 나는 오목왕!

 게임 목적 물건의 특징을 이야기하기

 게임 유형 오목

 인원 구성 짝

 목표 문형 A-고

 준 비 물 게임지A, 게임지B, 바둑알

게임 준비

❶ 게임지A, B를 복사한 후 카드 모양으로 자른다.
❷ A, B카드를 2명당 한 세트씩 준다.
❸ 오목판은 교사가 직접 준비해서 2명당 한 장씩 준다.

게임 방법

❶ A카드는 책상에 그림이 보이지 않도록 뒤집어 쌓아 놓는다.
❷ B카드는 글자가 보이도록 펼쳐 놓는다.
❸ 오목판은 바둑알과 함께 책상에 놓는다.
❹ 가위 바위 보로 게임할 순서를 정한다.
❺ 이긴 사람이 먼저 A카드를 뒤집는다.
❻ A카드에 어울리는 B카드를 2개 찾는다.
❼ 목표 문형을 이용해 2개의 B카드를 연결시켜 말한다.
❽ 문장을 완성하면 오목 한 수를 둔다.
❾ 상대방도 ❺~❽의 순서대로 한다.
❿ 만약 '-고'를 사용해 문장을 만들지 못하면 오목을 둘 수 없다.
⓫ A카드 중에서 '꽝' 카드가 나오면 오목을 둘 수 없다.
⓬ 두 사람이 번갈아 가면서 위의 순서대로 게임을 진행한다.
⓭ 오목을 빨리 둔 사람이 이긴다.

바둑알이 없을 경우, 펜으로 흑백 동그라미를 그린다.

예시

가: (A카드-선생님-를 뒤집고, B카드-형용사-두 장을 고른다)
선생님이 예쁘고 친절해요. (맞으면 오목을 한 수 둔다)
나: (A카드-김치-를 뒤집고, B카드-형용사-두 장을 고른다)
김치가 맵고 나쁘다. (틀리면 오목을 둘 수 없다)

게임지A

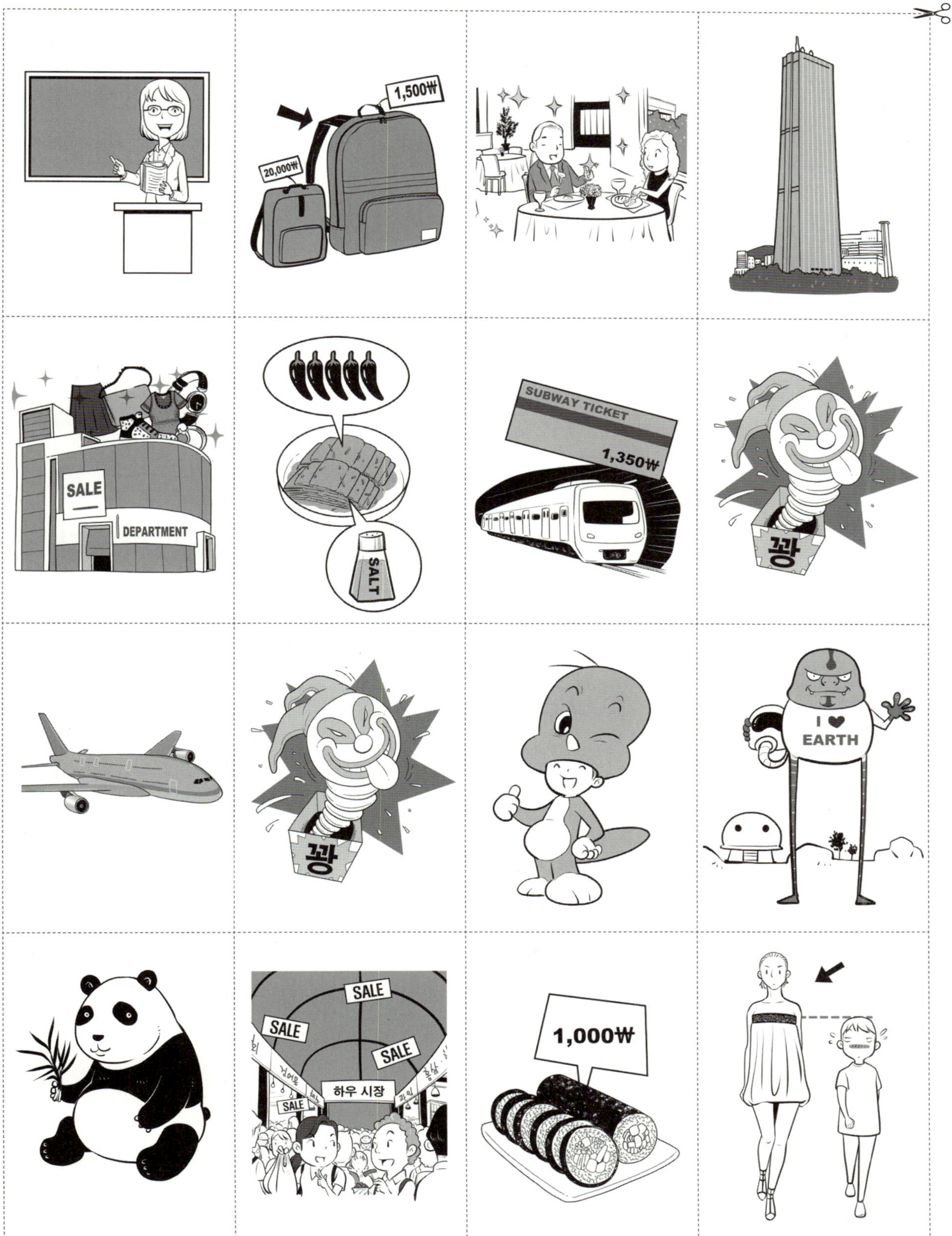
1,500₩
20,000₩
SALE
DEPARTMENT
SALT
SUBWAY TICKET
1,350₩
꽝
꽝
I ♥ EARTH
SALE
SALE
SALE
하우 시장
SALE
1,000₩

게임지B

예쁘다	친절하다	크다	싸다
맛있다	깨끗하다	높다	크다
물건이 좋다	물건이 많다	맵다	짜다
빠르다	표가 싸다	빠르다	편리하다
재미있다	귀엽다	다리가 길다	목이 짧다
뚱뚱하다	귀엽다	싸다	물건이 많다
싸다	맛있다	날씬하다	키가 크다
사람이 많다	복잡하다	느리다	사람이 많다

034 내가 지금 원하는 것은?

게임 목적 자신이 하고 싶은 일 말하기
게임 유형 카드 뺏기
인원 구성 소그룹 (그룹당 4명)
목표 문형 V-고 싶다
준 비 물 게임지A, 게임지B, 동전

게임 준비

❶ 4명이 한 그룹이 된다.
❷ 게임지A, B를 복사한 후 카드 모양으로 자른다.
❸ A, B카드를 한 그룹에 한 세트씩 준다.

게임 방법

❶ A카드는 뒤집어 쌓아 놓는다.
❷ B카드는 한 사람당 6장씩 가진 후 모두가 볼 수 있도록 펼쳐 놓는다.
❸ 4개의 동전을 학생들에게 각각 하나씩 준다.
❹ 게임을 할 순번을 정한다.
❺ 순서대로 책상 위에 동전을 놓고 손가락으로 튕긴다.
❻ 가장 멀리 동전이 나간 사람이 A카드를 1장 뒤집는다.
❼ A카드에 그려진 사람이 하고 싶은 일을 다른 사람의 B카드에서 각각 찾는다.
❽ 총 2장의 B카드를 가져 올 수 있다.
❾ B카드를 가지고 올 때 목표 문형을 정확히 사용해야 한다.
❿ 돌아가면서 ❺~❾를 반복하여 진행한다.
⓫ 카드를 가장 많이 가져온 사람이 승자가 된다.

각 팀의 동전을 구별하기 위해서 동전의 색깔을 달리하거나 번호를 써 놓는다.

책상에서 동전이 떨어지면 기회 박탈!

TIP
❶ 팀 활동으로 해도 무리가 없다.
❷ 제한된 시간 내에서 게임을 진행해도 된다.
❸ '꽝'카드를 A카드들에 넣어도 된다.

게임지A

게임지B

가방	한국어책	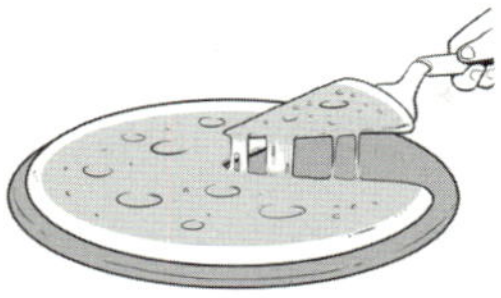 피자
 주스	 아프리카	 치킨
가다	 샤워하다	 먹다
 우주 여행	 운동하다	병원
 집	 자동차	미용실
 일하다	 제주도	 아이스크림
 옷	 친구	 갈비
 차	술	 점퍼

035 이유 있는 변명

게임 목적	이유 말하기
게임 유형	카드 모으기
인원 구성	소그룹 (그룹당 4명)
목표 문형	A/V-기 때문에
준 비 물	게임지A, 게임지B, 게임지C

게임 준비

❶ 게임지A, B를 복사한 후 카드 모양으로 자른다.
❷ 게임지C는 2장을 복사하여 카드 모양으로 자른다. (총 12개의 카드)
❸ A, B, C카드를 한 그룹에 한 세트씩 준다.

게임 방법

❶ A, C카드는 각각 뒤집어서 쌓아 놓는다.
❷ B카드는 한 명당 8장씩 가진다.
❸ 게임을 할 순서를 정한다.
❹ 첫 번째 사람은 A카드와 C카드를 동시에 한 장씩 뒤집는다.
❺ A, C카드를 본 후, 자신의 B카드 중 1장을 뽑아 문장을 완성한다.
❻ 만약 완성하지 못하면 다른 사람에게 기회가 넘어간다.
❼ 정확하게 문장이 완성됐으면 A카드를 가져 간다.
❽ 만약 '꽝'이 나오면 기회가 없어진다.
❾ 찬스 카드를 가지고 있다면 카드에 적합한 어휘를 쓰고 말한다.
❿ 돌아가면서 ❹~❾을 반복해서 진행한다.
⓫ A카드를 가장 많이 가진 사람이 승자가 된다.

예시

가: A카드 '비'와 C카드'-아요/어요'를 동시에 뒤집는다.
자신이 가진 B카드를 본 후 A와 C에 어울리는 B카드 '오다'를 뽑는다.

비가(A카드) 오기 때문에(B카드) 산에 못 가요(C카드). (문장이 정확하면 A카드를 가져간다)

└ 후행절은 학생이 스스로 생각을 해 내야 한다.

한국
관광
지도
외국인
삼계탕
산
친구
꽝
비
눈
꽝
강아지
한국은행
만원
10000
10000
돈
지하철
나
가
다
한국어 공부
남편
하우 시장
시장
김밥
고추

게임지B

나쁘다	한국어를 모르다	멋있다	없다
맵다	맛있다	찬스	높다
맵지 않다	맛없다	있다	공부하다
오다	오다	예쁘다	귀엽다
빠르다	싸다	많다	맛있다
열심히 일하다	가깝다	멀다	어렵다
좋다	비싸다	길을 모르다	재미있다
적다	바쁘다	사람이 많다	재미없다

V-(으)ㄹ 수 있다/없다
V-어/아/해야 하다
꽝
꽝
A/V-아요/어요/해요
V-고 싶어요

036 밥 or 진지

게임 목적	단어 높임말 말하기
게임 유형	카드 매칭
인원 구성	소그룹 (그룹당 4명)
목표 문형	단어 높임말
준 비 물	게임지A, 게임지B

게임 준비

❶ 4명이 한 그룹이 된다.
❷ 게임지A, B를 그룹 수만큼 복사하여 카드 모양으로 자른다.
❸ 각 그룹에 A, B카드를 각각 한 세트씩 나누어 준다.

게임 방법

❶ 게임 순서를 정한다.
❷ A카드와 B카드를 잘 섞은 후 뒤집어서 펼쳐 놓는다.
❸ 첫 번째 사람이 먼저 1장의 카드를 뒤집은 후 그림 속 단어를 말한다.
❹ 짝이 되는 예삿말 또는 높임말을 말하면서 다른 1장을 또 뒤집는다.
❺ 두 카드가 매치가 될 경우 해당 카드 2장을 자기 앞으로 가져간다.
❻ 예삿말 또는 높임말을 잘못 말하거나 짝이 맞지 않을 경우에는 다시 원래대로 뒤집어 놓는다.
❼ 돌아가면서 ❸~❻을 반복해서 진행한다.
❽ 모든 카드의 짝을 찾으면 게임이 끝난다.
❾ 가장 많은 카드를 가져간 사람이 이긴다.

TIP

❶ 학생들의 수준이나 상황에 따라 소그룹 인원을 조정해도 된다.
❷ 게임이 끝난 후 카드를 보면서 예삿말이나 높임말이 들어간 문장을 만들어 보는 것도 좋다.

12
김강현
사람
밥
말
집
나이
주다
만나다
먹다
자다
있다
이름
생일

게임지B

037 나만 그래!

- 게임 목적: 다른 것 찾기
- 게임 유형: 할리갈리
- 인원 구성: 소그룹 (그룹당 4명)
- 목표 문형: N-만 A
- 준 비 물: 게임지A, 빈 상자, 사탕

게임 준비

❶ 4명이 한 그룹이 된다.
❷ 게임지A를 복사한 후 카드 모양으로 자른다.
❸ A카드를 한 그룹당 한 세트씩 준다.
❹ 벌칙 카드는 빈 상자에 넣어 둔다.

[벌칙] 춤추기, 노래하기, 다른 교실에 가서 노래 부르기, 팔굽혀 펴기, 물 다섯 잔 마시기, 20초 동안 한 발 들고 서 있기
학생들이 벌칙을 만들어도 좋다.

게임 방법

❶ 카드를 섞은 후 한 명당 4장씩 가진다.
❷ '시작'을 외치면 4명이 동시에 시계 방향으로 옆 사람에게 자신의 카드를 한 장씩 준다.
❸ 속도를 빨리 하면서 옆 사람에게 카드를 전달한다.
❹ 자신의 손에 같은 그림이 3장이고 1장만 다르면 재빨리 한 손을 책상 위에 올린다.
❺ 나머지 사람들도 재빨리 제일 먼저 손을 올린 사람의 손 위에 올린다.
❻ 가장 먼저 책상에 손을 올린 사람은 목표 문형을 이용해 문장을 만든다.
❼ 문장을 정확히 말하면 사탕을 1개 가져간다.
❽ 맨 위에 손을 올린 사람은 벌칙을 받아야 한다.
❾ 상자 안에서 벌칙 카드를 뽑아서 벌칙을 수행해야 한다.
❿ 사탕을 가장 많이 가져온 사람이 승자가 된다.

TIP
이 게임은 속도감이 있게 진행해야 재미있다.

예시

'시작'과 함께 시작된다.

가: (사과/포도/사과/포도)
나: (수박/포도/사과/바나나)
다: (바나나/바나나/포도/포도)
라: (바나나/바나나/바나나/포도)

라: 재빨리 책상 위에 손을 올린다. 나머지 사람들도 '라'의 손 위에 자신의 손을 올린다.

저**만** 사과를 먹어요.

게임지A

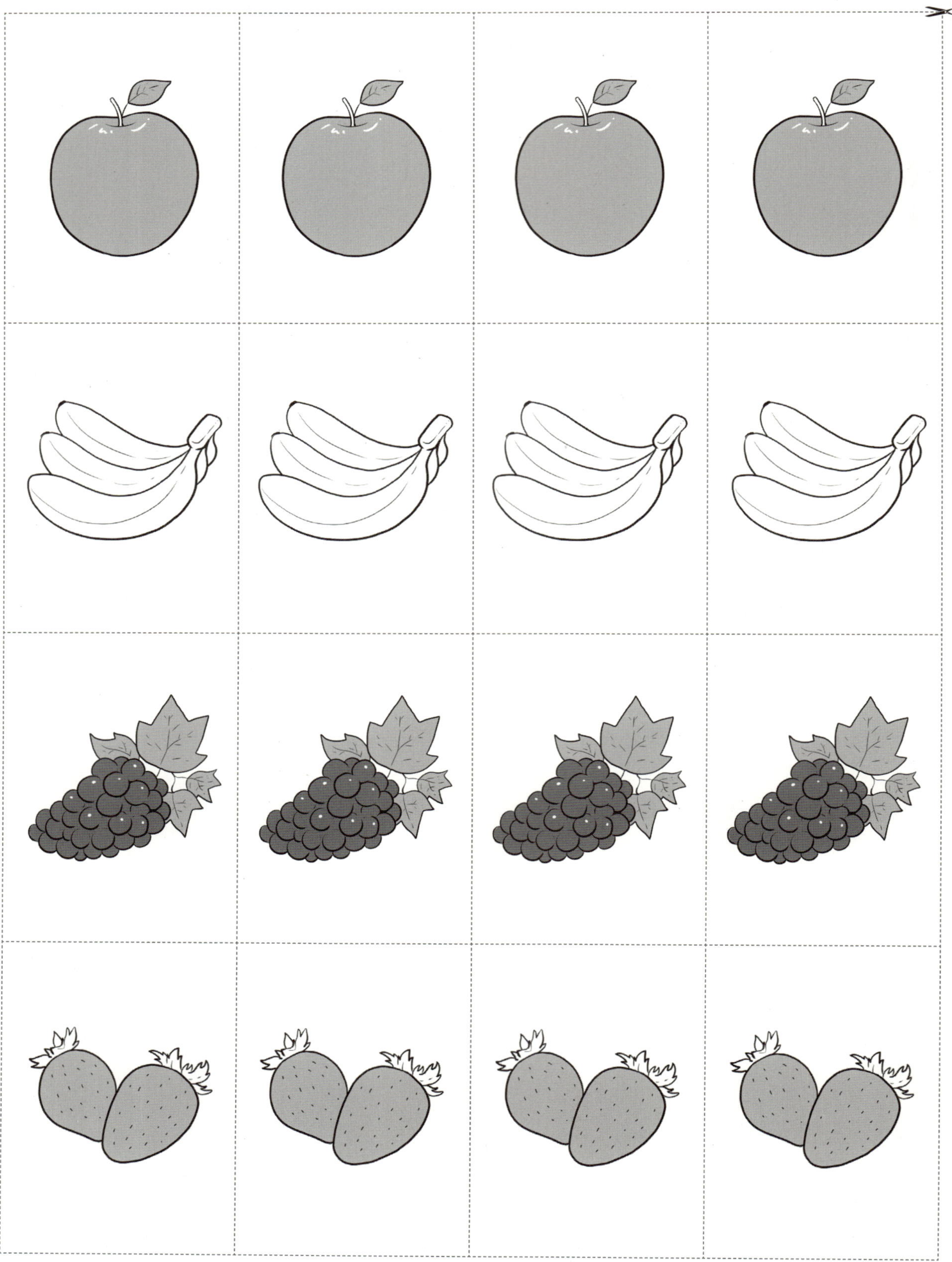

038 3+1, 함께 배워요

게임 목적 자신이 하지 못하는 것에 대해 말하기
게임 유형 인터뷰
인원 구성 전체
목표 문형 V-지 못하다, 못 V
준 비 물 게임지A, 게임지B

게임 준비

❶ 전체를 대상으로 한다.
❷ 게임지A, B를 복사한 후 카드 모양으로 자른다.
❸ 6명에게 A-① 카드를 각각 한 장씩 준다.
나머지 6명에게는 A-② 카드를 각각 한 장씩 준다.

〈게임스토리〉

이 게임은 같이 학원에 다닐 친구들을 모으는 게임이다.
자신이 못하는 것을 친구들과 함께 배우러 다니면 즐겁다.
빨리 3명의 친구들을 모아서 오면 선물을 주는 게임이다.

게임 방법

❶ A-① 카드를 받은 사람은 그림을 확인한다.
❷ 카드에 그려진 일(수영하기, 김치 만들기 등)을 못하는 사람을 찾아야 한다.
❸ A-① 카드를 가진 사람은 A-② 카드를 가진 사람들에게 질문을 한다.
예를 들어, '수영을 해요?"라고 질문한다.
❹ A-② 카드를 가진 사람은 카드에 'X'가 있으면 '수영을 하지 못해요'라고 대답한다.
만약, A-② 카드에 'O'가 있으면 '수영을 해요'라고 대답한다.
❺ 해당 그림을 하지 못하는 3명을 찾아서 A카드의 동그라미 안에 이름을 적는다.
❻ 세 명의 이름을 가장 빨리 적는 사람이 우승자가 된다.
❼ 게임이 끝나면 B카드를 사용해 역할을 바꿔 진행한다.

예시

가: (A-① 카드-태권도하는 그림-을 보며) 태권도를 해요?
나: (A-② 카드에 '태권도 X'가 있다) 태권도를 못해요.
가: 그럼, 우리 같이 태권도를 배웁시다. (A-①에 '나'의 이름을 적는다)

게임지A

A-①

A-②

태권도	×	태권도	○	태권도	×
운전	×	운전	○	운전	×
기타	×	기타	○	기타	○
스키	×	스키	○	스키	×
수영	×	수영	×	수영	○
김치	○	김치	×	김치	○

태권도	×	태권도	○	태권도	○
운전	×	운전	○	운전	○
기타	×	기타	×	기타	○
스키	○	스키	○	스키	×
수영	×	수영	○	수영	○
김치	○	김치	×	김치	×

A −①

A −②

피아노 ○ 춤 × 중국어 ○ 테니스 × 오토바이 × 빵 ○	피아노 × 춤 ○ 중국어 × 테니스 ○ 오토바이 × 빵 ○	피아노 ○ 춤 × 중국어 ○ 테니스 × 오토바이 ○ 빵 ×
피아노 ○ 춤 × 중국어 × 테니스 ○ 오토바이 × 빵 ○	피아노 × 춤 ○ 중국어 × 테니스 ○ 오토바이 ○ 빵 ×	피아노 × 춤 ○ 중국어 ○ 테니스 × 오토바이 ○ 빵 ×

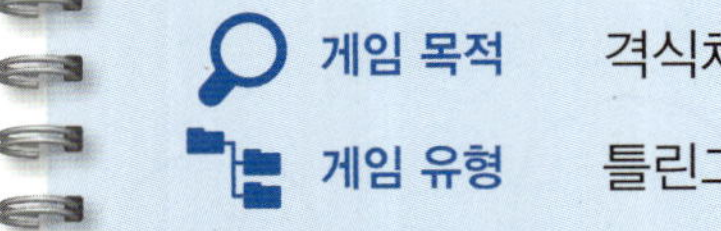

039 다른 그림을 찾아라!

- **게임 목적** 격식체 말하기
- **게임 유형** 틀린그림찾기
- **인원 구성** 팀(팀당 2명)
- **목표 문형** A/V-ㅂ/습니까?, A/V-ㅂ/습니다
- **준 비 물** 게임지A, 색연필

게임 준비

❶ 2명이 짝이 된다.
❷ 게임지A를 복사한 후 카드 모양으로 자른다.
❸ 한 명에게 A-①을 주고 다른 한 명에게 A-②를 준다.

게임 방법

❶ 교사는 제한된 시간을 알려 준다.
❷ 각자의 게임지를 본다.
❸ 자신의 게임지에 있는 사람들의 행동에 대해 묻고 답한다.
❹ 먼저 A카드의 그림을 보며 사람들이 무엇을 하는지 묻는다.
❺ 상대방은 B카드를 보며 무엇을 하고 있는지 대답한다.
❻ 두 사람의 대답과 질문이 일치하면 해당 그림에 동그라미로 표시한다.
❼ 일치하지 않으면 해당 그림에 X표를 한다.
❽ 게임지 하단에 서로 다른 행동을 하는 사람의 이름을 쓴다.
❾ 두 사람은 ❸~❽을 반복하여 진행한다.
❿ 가장 빨리 다른 행동을 하고 있는 사람들을 모두 찾는 팀이 승리한다.

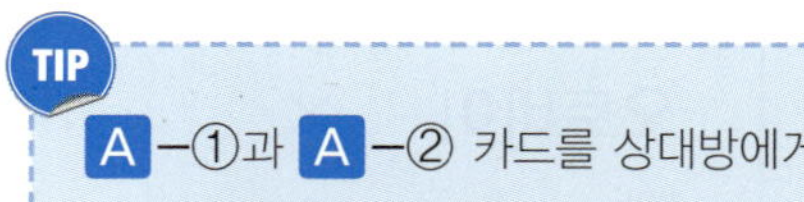

TIP
A-①과 A-② 카드를 상대방에게 보여 주어서는 안 된다.

예시

가: A-① 을 보며) 마이클 씨는 책을 읽습니까?
나: A-② 를 보며) 네, 마이클 씨는 책을 읽습니다.
나: A-① 을 보며) 제니 씨는 춤을 춥니까?
가: A-② 를 보며) 아니요, 제니 씨는 커피를 마십니다.

일치하면 게임지에 'O'를 한다. 일치하지 않으면 'X'표하고 게임지 하단 부분에 '제니'라고 쓴다.

A-①

다른 행동을 하는 사람은 누구입니까? ____________________

A-②

다른 행동을 하는 사람은 누구입니까? ____________________

040 나는야 경험왕

게임 목적 나의 경험 말하기
게임 유형 뿅망치
인원 구성 팀 (팀당 6명)
목표 문형 V-아/어 봤어요
준 비 물 게임지A, 양은 냄비 2개, 뿅망치 2개, 빈 상자

게임 준비

❶ 두 팀으로 나눈다.
❷ 게임지A를 2장 복사한다.
❸ 1장은 카드 모양으로 자른 후 빈 상자에 넣는다.
❹ 나머지 1장은 카드 모양으로 자른 후 한 사람에게 5장씩 준다.
❺ 책상 위에 뿅망치 2개와 냄비를 각각 중앙에 놓는다.

게임 방법

❶ 각 팀에서 각각 1명씩 나온다.
❷ 책상을 가운데 두고 마주 본다.
❸ 교사는 A카드를 섞은 후 한 사람당 5장씩 준다.
❹ A카드 5장을 자신의 앞에 펼쳐 놓는다.
❺ 교사는 상자에서 A카드 1장을 뽑은 후 해당 경험이 있는지 물어 본다.
❻ 자신의 카드 중 해당 카드가 있으면 재빨리 뿅망치를 들어 상대를 때린다.
❼ 만약 자신의 카드 중 해당 카드가 없으면 재빨리 냄비를 쓰면 된다.
미리 냄비를 쓰고 뿅망치를 맞으면 점수를 잃지 않는다.
❽ 때린 사람은 자신의 카드를 보고 목표 문형을 이용해 정확하게 말한다.
❾ 발화가 정확하지 않으면 점수가 없다.
❿ 교사는 학생들에게 준 카드를 다시 회수하고 다음 팀을 위해서 섞는다.
⓫ 위의 ❶~❽을 반복하여 진행한다.
⓬ 점수를 많이 받은 팀이 승리한다.

두 사람 모두 해당카드가 없으면 먼저 냄비를 쓴 사람이 점수를 획득한다.

예시

교사: (A카드를 보며) 애완 동물을 키워 봤어요?
가: (재빨리 해당 카드를 찾는다) 네, 애완 동물을 키워 봤어요. (뿅망치를 들고 상대방을 때린다)
나: (맞는다)

게임지A

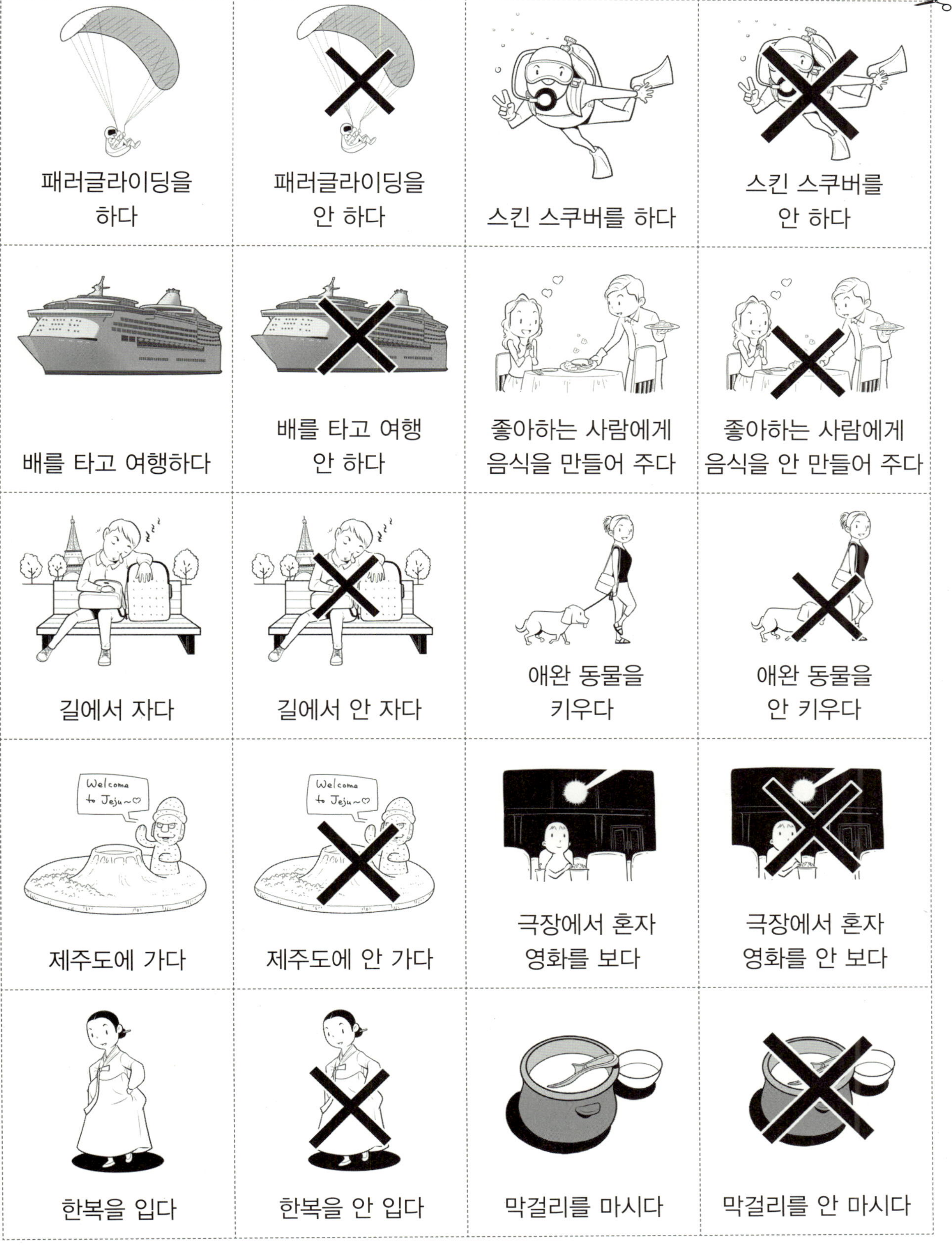
패러글라이딩을 하다
패러글라이딩을 안 하다
스킨 스쿠버를 하다
스킨 스쿠버를 안 하다
배를 타고 여행하다
배를 타고 여행 안 하다
좋아하는 사람에게 음식을 만들어 주다
좋아하는 사람에게 음식을 안 만들어 주다
길에서 자다
길에서 안 자다
애완 동물을 키우다
애완 동물을 안 키우다
Welcome to Jeju~♡
제주도에 가다
Welcome to Jeju~♡
제주도에 안 가다
극장에서 혼자 영화를 보다
극장에서 혼자 영화를 안 보다
한복을 입다
한복을 안 입다
막걸리를 마시다
막걸리를 안 마시다

041 저의 부탁을 들어 주세요

게임 목적 부탁
게임 유형 미션
인원 구성 팀 (팀당 2명)
목표 문형 V-아/어 주다
준 비 물 게임지A, 게임지B, 벌칙에 사용될 물건들

이 게임은 목표 문형을 이용해 친구에게 부탁을 하는 게임이다. 친구의 부탁을 가장 빨리 들어 준다면 두 사람은 절친!

게임 준비

❶ 두 명이 한 팀이 된다.
❷ 게임지A, B를 모두 복사한 후 카드 모양으로 자른다.

첫 번째 게임은 A카드를 사용하고, 두 번째 게임은 B카드를 사용한다.

게임 방법

❶ 카드는 뒤집어서 교실 곳곳에 붙여 놓는다.
❷ 모든 팀이 교실 중앙으로 나온다.
❸ 교사가 '시작'을 외치면 두 사람 중 1명이 카드를 1장 뗀다.
❹ 카드의 해당 미션을 본다.
❺ 교사는 게임 제한 시간을 알려 준다.
❻ 빨리 자신의 짝에게 가서 목표 문형을 이용해 미션을 부탁한다.
❼ 제한된 시간이 종료되면 교사는 학생들의 미션 수행 결과를 점검한다.
❽ 미션을 완벽하게 수행한 팀이 승자가 된다.
(만약 정해진 시간보다 빨리 미션을 수행한다면 승자가 될 수 있다)
❾ 첫 번째 게임이 끝나면 B카드를 사용해 두 번째 게임을 진행한다.
❿ 두 번째 게임은 역할을 바꿔 ❷~❼의 순서대로 게임을 진행한다.

예시

선생님: (교실 곳곳을 가리키며) 여기 많은 부탁이 있어요. 친구들에게 부탁을 해 보세요.
학생들: (A카드를 떼고 미션을 수행할 학생의 이름을 적는다. 그리고 해당 친구에게 가서 목표 문형을 이용해 부탁한다)
커피를 사 주세요.

칠판에 '좋아해요'를 30번 쓰다

풍선 10개를 불다

친구 5명의 양말을 벗기다

물을 페트병에 넣다

커피를 사 오다

호박씨를 30개 까다

게임지B

책상 5개를 교실 밖으로 빼 주다

칠판에 '사랑해요'를 30번 쓰다

화장실에서 휴지를 가져오다

아이스크림을 사 오다

친구 사진을 20장 찍어서
휴대폰으로 보내다

의자를 책상 위에 모두 올리다

042 극장에 가서?

게임 목적	순서 말하기
게임 유형	카드 모으기
인원 구성	소그룹 (그룹당 4명)
목표 문형	A/V-아서/어서(순서)
준 비 물	게임지A, 게임지B

게임 준비

❶ 4명이 한 그룹이 된다.
❷ 게임지A, B를 복사한 후 카드 모양으로 자른다.
❸ A, B카드를 한 그룹당 1세트씩 준다.

게임 방법

❶ A카드는 책상 중앙에 뒤집어 놓는다.
❷ B카드는 한 사람에게 6장씩 준다.
❸ 게임할 순서를 정한다.
❹ 먼저 중앙에 놓인 A카드를 뒤집는다.
❺ 네 명 모두 자신의 B 카드 중 해당 카드가 있으면 재빨리 낸다.
이때 목표 문형을 사용해 말해야 한다.
❻ 빨리 카드를 내는 사람이 A카드를 가질 수 있다.
❼ 돌아가며 ❹~❻를 반복해 진행한다.
❽ A카드를 많이 모으는 사람이 이긴다.

A카드의 동사 다음에
이어서 올 수 있는
동사 카드

예시

A카드: (극장에 가는 그림)
가: (자신이 들고 있는 카드를 내려놓으며) 극장에 가서 팝콘을 사요.

게임지A

CINEMA
극장에 가다
집에 가다
학교에 가다
꽃을 사다
MART
SALE
마트에 가다
옷을 사다
친구를 만나다
여행을 가다
요리를 만들다
편지를 쓰다
한국에 가다
LIBRARY
책을 빌리다

게임지B

팝콘을 사다	영화를 보다	잠을 자다	숙제하다
공부를 하다	도서관에 가다	친구에게 주다	집에 가다
과일을 사다	우유를 사다	입다	선물하다
밥을 먹다	공부하다	친구를 만나다	음식을 먹다
친구에게 주다	먹다	우체국에 가다	친구에게 주다
비빔밥을 먹다	제주도에 가다	읽다	공부하다

043 왜 그래?

게임 목적	이유 말하기
게임 유형	빙고
인원 구성	전체 활동
목표 문형	A/V-아서/어서 (이유)
준 비 물	게임지A, 게임지B

게임 준비

❶ 전체를 대상으로 진행한다.
❷ 게임지A는 확대 복사하여 카드 모양으로 자른다.
❸ 게임지B는 3장 복사하여 카드 모양으로 자른 후 1명당 1장씩 준다.

게임 방법

❶ A카드는 칠판에 붙인다.
❷ B카드를 받은 후 9개의 동사를 고른다.
❸ 9개의 동사에 목표 문형을 결합시킨 후 빙고판에 적는다.
❹ 게임을 할 순서를 정한다.
❺ 첫 번째 사람이 1장의 A카드를 선택한 후 A카드의 결과에 대한 이유를 말한다.
❻ 나머지 학생들은 자신의 빙고판에 해당 이유가 있으면 지운다.
❼ 돌아가면서 ❺~❻을 반복하여 진행한다.
❽ 가장 빨리 두 줄 빙고를 만든 사람이 이긴다.

빙고판에는 총 12개의 동사가 있다. 이 중에서 9개의 동사를 선택해야 한다.

'-아서/어서'를 결합시켜야 하는데, 예를 들어 '일하다'를 '일해서'라고 바꾼 후 빙고판에 적는다.

TIP

❶ 다른 사람이 선택한 A카드를 다시 선택해도 된다.
❷ 게임 시간을 늘리고 싶다면 세 줄 빙고를 해도 된다.

예시

가: (A카드-'피곤하다'를 선택한다) 일해서 피곤해요.
학생들: (자신의 빙고판에 '일해서'가 있으면 지운다)
나: (A카드- '목이 아프다'를 선택한다) 노래를 불러서 목이 아파요.
학생들: (자신의 빙고판에 '노래를 불러서'가 있으면 지운다)

1. 피곤해요	2. 돈이 없어요
3. 목이 아프다	4. 슬프다
5. 기쁘다	6. 감기에 걸리다
7. 주말에 심심해요	8. 영화를 보다
9. 졸리다	10. 먹다
11. 일하다	12. 운동하다

게임지B

1. 일하다	2. 쇼핑하다	3. 노래를 부르다
4. 헤어지다	5. 재미없다	6. 배가 고프다
7. 뚱뚱하다	8. 심심하다	9. 친구를 만나다
10. 춥다	11. 돈이 없다	12. 친구가 없다

1. 일하다	2. 쇼핑하다	3. 노래를 부르다
4. 헤어지다	5. 재미없다	6. 배가 고프다
7. 뚱뚱하다	8. 심심하다	9. 친구를 만나다
10. 춥다	11. 돈이 없다	12. 친구가 없다

1. 일하다	2. 쇼핑하다	3. 노래를 부르다
4. 헤어지다	5. 재미없다	6. 배가 고프다
7. 뚱뚱하다	8. 심심하다	9. 친구를 만나다
10. 춥다	11. 돈이 없다	12. 친구가 없다

1. 일하다	2. 쇼핑하다	3. 노래를 부르다
4. 헤어지다	5. 재미없다	6. 배가 고프다
7. 뚱뚱하다	8. 심심하다	9. 친구를 만나다
10. 춥다	11. 돈이 없다	12. 친구가 없다

044 곧 이어서

게임 목적	순서와 이유 말하기
게임 유형	이어말하기
인원 구성	팀 (팀당 6명)
목표 문형	A/V-아서/어서 (이유, 순서)
준 비 물	게임지A, 빈 상자

게임 준비

❶ 두 팀으로 나눈다.

❷ 게임지A를 복사하여 카드 모양으로 자른 후 빈 상자에 넣는다.

게임 방법

❶ 먼저할 팀을 정한 후, 한 팀을 한 줄로 세운다.

❷ 첫 번째 사람이 상자에 든 A카드를 뽑는다.

❸ A카드에 적혀 있는 문장을 말한다.

❹ 그 다음 학생은 들은 문장과 연결시켜 새로운 문장을 만든다.

❺ 다음 학생은 앞의 학생이 발화한 문장을 말한 후, 다시 새로운 문장을 만든다.

❻ 주의할 점은 앞의 사람이 '순서'의 문장을 말했으면 다음 사람은 '이유'의 문장을 만들어야 한다.

'이유'의 문장을 만든다.

'순서'의 문장을 만들어야 한다.

❼ 돌아가면서 문장을 만든다.

❽ 문장을 발화 시 오류가 있으면 감점이 된다.

❾ 만약 문장을 만들지 못하면 다시 A카드를 뽑고 문장을 만들어 간다. (A카드를 다시 뽑을 때마다 감점이 된다)

❿ 다음 팀도 ❸~❾의 순서대로 진행한다.

⓫ 감점이 적은 팀이 이긴다.

예시

가: 피곤해요.
나: 피곤해서 집에 갔어요.
다: 피곤해서 집에 갔어요. 집에 가서 잤어요.
라: 집에 가서 잤어요. 잠을 자서 피곤하지 않았어요.
마: 잠을 자서 피곤하지 않았어요. 일어나서 숙제를 했어요.
바: 일어나서 숙제를 했어요. 숙제를 해서 기분이 좋았어요.

게임지A

피곤하다

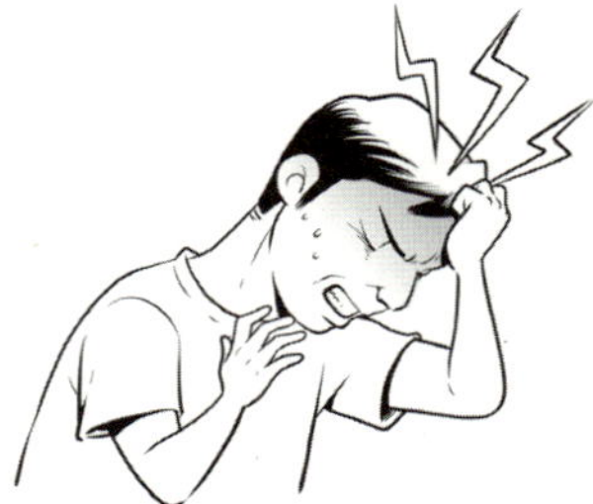

아프다

일이 많다

비가 오다

돈이 많다

춥다

배가 고프다

045 변화가 필요해

- 게임 목적　해야 할 일 말하기
- 게임 유형　비포 앤 애프터
- 인원 구성　팀 (팀당 4명)
- 목표 문형　V-아/어야 하다, 되다
- 준 비 물　각종 물건들

게임 준비

❶ 4명이 한 팀이 된다.
❷ 4명의 팀원들 중 변신이 필요한 모델을 선정한다.
❸ 게임지A를 팀 수만큼 복사하여 1장씩 준다.

혹은 변신이 잘 될 수 있는 사람!

게임 방법

❶ 어떻게 하면 변신을 잘할지에 대한 논의 시간을 알려 준다.
❷ 각 팀원들은 어떻게 변신시킬지 이야기한다.
❸ 변신을 시킬 사항들을 목표 문형을 사용해 A카드에 적는다.
(A카드의 before 칸에는 변신 전 모습을 적는다)
❹ 제한 시간이 끝나면 팀 대표들이 칠판에 변신할 사항들을 적는다.
❺ 발표할 순서를 정한 후 한 팀씩 나와서 해당 사항들을 한 문장씩 읽는다.
❻ 발표가 끝난 후 교사는 휴대폰으로 변신 전 사진을 찍어 놓는다.
❼ 변신을 위한 제한된 시간을 알려 준다.
❽ 팀원들은 제한된 시간 내에 모델을 변신시킨다.
❾ 제한된 시간이 되면 모델과 팀원들이 앞으로 나온다.
❿ 순서대로 각 팀원들이 나와 변신한 모델을 확인시켜 준다.
⓫ 발표가 다 끝난 후에 성공적으로 변신한 모델에게 스티커를 붙여 준다.
⓬ 자신의 팀원에게는 스티커를 줄 수 없다.
⓭ 스티커를 많이 받은 팀이 이긴다.

이때 변신할 학생은 세워두고 변신할 사항들을 소개해도 좋다.

이 시간에 교사는 컴퓨터로 변신 전 사진을 옮겨 놓는다. 변신 후의 모습과 비교할 수 있도록 발표할 때 보여준다.

예시

가: 팀 --- 씨는 눈이 작아서 안경을 써야 해요.
나: 팀 --- 씨는 눈이 작아서 아이라인을 그려야 해요.
다: 팀 --- 씨는 가슴이 작아서 가슴 수술을 해야 해요.
라: 팀 --- 씨는 키가 작아서 하이힐을 신어야 해요.

게임지A

before	after
① ______	① ______
② ______	② ______
③ ______	③ ______
④ ______	④ ______
⑤ ______	⑤ ______
ex)	ex)

046 -아요? -어요? -해요?

게임 목적	비격식체로 말하기
게임 유형	카드 매칭
인원 구성	소그룹 (그룹당 4명)
목표 문형	A/V-아요/어요
준 비 물	게임지A, 게임지B

게임 준비

❶ 4명이 한 그룹이 된다.
❷ 게임지A, B를 복사한 후 카드 모양으로 자른다.
❸ A, B카드를 한 세트씩 소그룹에게 준다.

게임 방법

❶ B카드는 책상에 뒤집어 쌓아 놓는다.
❷ A카드는 글자가 보이도록 펼쳐 놓는다.
❸ 게임 순서를 정한다.
❹ 먼저 첫 번째 사람이 B카드를 1장 뒤집는다.
❺ 뒤집은 B카드에 결합시킬 수 있는 A카드를 재빨리 찾아야 한다.
❻ 네 명 중 먼저 두 카드를 결합시킨 사람이 카드를 가질 수 있다.
❼ 돌아가면서 ❹~❻ 반복해 진행한다.
❽ 만약 B카드를 뒤집었을 때 보너스 카드가 나오면 뒤집은 사람이 먼저 카드를 고를 수 있는 기회를 획득한다.
❾ B카드를 뒤집었을 때 더블 하트가 나오면 다른 사람들이 따 놓은 카드를 두 장씩 가져올 수 있다.
❿ 가장 많은 카드를 가진 사람이 승자가 된다.

예시

가: (뒤집었을 때 '-아요'가 나왔다)
가, 나, 다, 라: 재빨리 펼쳐진 단어들 중에서 '-아요'와 결합할 수 있는 카드를 집는다.
나: (제일 먼저 카드를 집었다.'-아요'와 '가다'를 보여준다) 먹어요.

아름답다	만나다	먹다
재미없다	만들다	가다
재미있다	귀엽다	마시다
깨끗하다	운동하다	★듣다
크다	읽다	공부하다
높다	맵다	청소하다
많다	싸다	싸다
덥다	좋다	좋다

–아요	–어요	–아요	–어요
–아요	–어요	–해요	–아요
–아요	–어요	–해요	–어요
–아요	–어요	–아요	–어요
–아요	–해요	–아요	–어요
♥♥	보너스	♥♥	–아요
–아요	–어요	–아요	–어요

047 한국 생활이 행복해요.

 게임 목적 비격식체로 말하기

 게임 유형 스토리텔링

 인원 구성 소그룹 (그룹당 4명)

 목표 문형 A/V-아요/어요

 준 비 물 활동지A, 활동지B

게임 준비

❶ 4명이 한 그룹이 된다.
❷ 활동지A, B를 복사한 후 카드 모양으로 자른다.
❸ A, B카드를 그룹당 한 세트씩 준다.

게임 방법

❶ A카드를 1명당 3장씩 준다.
❷ B카드는 글씨가 보이지 않도록 한 쪽에 덮어 둔다.
❸ 학생들은 A카드의 그림을 보며 문장을 만든다.
❹ 1명씩 A카드를 내려놓으면서 해당 문장을 말한다.
❺ 모든 카드를 내려놓으면 4명이 함께 그림의 이야기 순서를 맞춘다.
❻ 교사는 그림 배열이 끝났는지 확인한다.
❼ 교사는 학생들에게 B카드를 펼쳐 보게 한다.
❽ 학생들은 A카드와 B카드를 매치시킨다. A카드 아래에 B카드를 놓는다.
❾ 다 끝났으면 이야기 순서대로 A카드의 체크 상자에 번호를 쓴다.
❿ 그룹이 돌아가면서 자신의 이야기를 발표한다.

A카드에 여러장의 B카드를 놓을 수 있다.

쫑은 베트남 사람이에요. 서울에 왔어요. 서울은 추워요. 빌딩이 높아요. 차가 많아요.
한국어를 공부해요. 한국어 공부가 재미있어요. 쫑은 한국 음식을 좋아해요. 한국 음식을 많이 먹어요.
뚱뚱해요. 운동을 해요. 수영을 해요. 쫑이 멋있어요. 여자 친구가 있어요. 여자 친구가 예뻐요.
여자 친구하고 영화도 봐요. 커피도 마셔요. 쫑은 행복해요.

활동지A

활동지B

쭝은 베트남 사람이다	서울에 오다	빌딩이 높다	차가 많다
★날씨가 춥다	한국어 공부하다	한국어공부가 재미있다	한국 음식을 먹다
한국 음식을 많이 먹다	뚱뚱하다	운동하다	수영하다
멋있다	여자 친구를 만나다	여자 친구가 예쁘다	여자 친구하고 커피를 마시다
여자 친구하고 극장에 가다	음악을 듣다	춤을 추다	행복하다

048 우리는 생선을 먹지 않아요.

게임 목적	부정 말하기
게임 유형	돌아가며 말하기
인원 구성	소그룹 (그룹당 4명)
목표 문형	A/V-지 않다
준 비 물	활동지A

게임 준비

❶ 4명이 한 그룹이 된다.
❷ 활동지A를 복사한 후 카드 모양으로 자른다.
❸ A카드를 한 그룹에 1세트씩 준다.

게임 방법

❶ A카드를 1명당 1장씩 준다.
❷ 활동할 순서를 정한다.
❸ 첫 번째 사람은 카드의 첫 번째 문장을 말한다.
❹ 다음 사람에게 해당 문장을 질문한다.
❺ 상대방은 목표 문형을 이용해 대답한다.
❻ 대답 후, 자신의 A카드의 첫 번째 문장을 말한다.
❼ ❹~❺을 반복하여 진행한다.
❽ 첫 번째 문장으로 활동이 끝나면 다음 문장으로 넘어간다.

예시

가: 저는 생선을 먹어요. OO 씨는 생선을 먹어요?
나: 아니요, 저는 생선을 먹지 않아요. 저는 빵을 먹어요. OO 씨는 빵을 먹어요?
다: 아니요, 저는 빵을 먹지 않아요. 저는 옥수수를 먹어요. OO 씨는 옥수수를 먹어요?
라: 아니요, 저는 옥수수를 먹지 않아요. 저는 치즈를 먹어요.

활동지A

생선을 먹다.
커피를 마시다.
배를 타다.
초밥을 좋아하다.

빵을 먹다.
녹차를 마시다.
낙타를 타다.
양고기를 좋아하다.

감자를 먹다.
맥주를 마시다.
자전거를 타다.
소고기를 좋아하다.

치즈를 먹다.
우유를 마시다.
말을 타다.
염소 고기를 좋아하다.

049 현재와 과거를 찾아라

게임 목적	과거형 찾기
게임 유형	카드 매칭
인원 구성	소그룹 (그룹당 4명)
목표 문형	V-았/었어요
준 비 물	게임지A, 게임지B

게임 준비

❶ 4명이 한 그룹이 된다.
❷ 게임지A, B를 복사하여 카드 모양으로 자른다.
❸ 그룹당 A, B카드를 1세트씩 준다.

게임 방법

❶ A, B카드를 책상 위에 글자가 보이지 않도록 뒤집어 펼쳐 놓는다.
❷ 게임을 할 순서를 정한다.
❸ 첫 번째 사람이 A, B카드를 동시에 뒤집는다.
❹ A(현재형), B(과거형) 카드가 맞으면 가지고 간다.
❺ 맞지 않으면 다시 덮어 놓는다.
❻ 돌아가면서 ❸~❺를 반복해서 진행한다.
❼ 카드를 많이 가져간 사람이 이긴다.

한 쪽에는 A카드,
다른 한쪽에는 B카드를
각각 따로 놓는다.

TIP

카드에 '꽝' 카드, '보너스' 카드를 만들어서 사용해도 좋다.

'꽝' 카드가 나오면 자신이 딴 카드 한 쌍을 책상 위에 다시 뒤집어 놓는다.

게임지A

가다	오다	먹다	마시다
읽다	쓰다	듣다	읽다
사다	보다	바쁘다	주다
만들다	산책하다	운동하다	좋다
숙제하다	공부하다	만나다	말하다
비싸다	자다	전화하다	걷다
묻다	노래하다	살다	수영하다
운전하다	맵다	받다	맛있다

갔어요	왔어요	먹었어요	마셨어요
읽었어요	썼어요	들었어요	읽었어요
샀어요	봤어요	바빴어요	주었어요
만들었어요	산책했어요	운동했어요	좋았어요
숙제했어요	공부했어요	만났어요	말했어요
비쌌어요	잤어요	전화했어요	걸었어요
물었어요	노래했어요	살았어요	수영했어요
운전했어요	매웠어요	받았어요	맛있었어요

050 누가 제니의 케이크를 먹었어요?

게임 목적 어제 한 일 말하기

게임 유형 범인 찾기

인원 구성 팀 (팀당 6명)

목표 문형 V-았/었어요

준 비 물 게임지A, 게임지B

게임 준비

❶ 6명이 한 팀이 된다.
❷ 게임지A는 1장을 확대 복사한다.
❸ 게임지B는 1장을 복사한 후 카드 모양으로 자른다.

게임 배경 이야기

어제 저녁 9시에 제니가 케이크를 만들었어요.
냉장고에 케이크를 넣었어요.
오늘은 마이클 생일이에요.
아! 냉장고에 케이크가 없어요.
누가 케이크를 먹었어요?
이 집에는 모두 6명이 살아요.
누가 어제 케이크를 먹었을까요?
그 사람을 빨리 찾으세요.

게임 방법

❶ 교사는 게임지A를 칠판에 붙인다.
❷ 게임의 배경을 설명해 준다.
❸ 학생들에게 B카드를 각각 1장씩 나눠 준다.
❹ 교사는 먼저 '제니'라고 쓰여진 카드를 받은 학생이 누구인지 확인한다.
❺ 나머지 학생들에게 제니가 질문을 할 것이라고 알려 준다.
❻ 학생들은 B카드를 보면서 카드에 적힌 이름과 어제 한 일을 확인하다.
❼ 제니는 돌아가면서 학생들에게 이름을 묻고 어제 무엇을 했는지 물어 본다.
❽ 제니의 질문에 학생들은 대답한다.
❾ 범인 카드를 가진 사람은 제니가 질문했을 때, 거짓말을 해서 속여야 한다.
❿ 제니는 질문이 끝난 후 누가 함께 있었는지 확인한 후 범인을 찾아내야 한다.
⓫ 가장 빨리 범인을 찾아내는 팀이 승자가 된다.

학생들 중 두 명이 짝이 되어 어제 밤에 같이 있었고, 단 한 명만 혼자 있었다. 혼자 있었던 사람이 범인이다. 알리바이가 없기 때문이다.

어젯밤에 혼자 있었던 학생을 찾으면 게임은 끝!

게임지B

민영

한솔하고 마트에서
쇼핑하다

철수하고 커피숍에서
커피를 마시다

한솔

민영하고 마트에서
쇼핑하다

민철하고 도서관에서
공부하다

민철

철수하고 극장에서
영화를 보다

한솔하고 도서관에서
공부하다

제니

다른 친구들에게
"어제 무엇을 했어요?"
물어 보세요.

범인을 찾으세요.

철수

민철하고 극장에서
영화를 보다

민영하고 커피숍에서
커피를 마시다

미나

범인이에요

거짓말을 하세요!

051 언제 무엇을 했니?

게임 목적	시간 뒤에 조사 말하기
게임 유형	카드 털기
인원 구성	소그룹 (그룹당 4명)
목표 문형	N–에
준 비 물	게임지A, 게임지B, 게임지C

게임 준비

❶ 4명이 한 그룹이 된다.
❷ 게임지A를 확대 복사하여 자른 후 두꺼운 종이에 붙여 주사위를 만든다.
❸ 게임지B를 2장 복사한 후 카드 모양으로 자른다.
❹ 게임지C를 복사한 후 카드 모양으로 자른다.
❺ B와 C카드를 한 그룹에 1세트씩 준다.

한 그룹에 1개씩
주사위가 필요!

게임 방법

❶ 게임할 순서를 정한다.
❷ B카드는 책상에 뒤집어 쌓아 놓는다.
❸ C카드는 골고루 섞은 후 1명당 6장씩 준다.
❹ 첫 번째 사람이 주사위를 던진 후 B카드를 1장 뒤집는다.
❺ 주사위의 시간과 B카드의 그림을 이용해 문장을 말한다.
이때 목표 문형을 사용해 말한다.
❻ 나머지 학생들은 자신이 가진 C카드를 본다.
같은 문장이 있으면 목표 문형을 사용해 말하면서 카드를 내려놓는다.
❼ 돌아가면서 ❹~❻을 반복해서 진행한다.
❽ 카드를 가장 많이 내려놓은 사람이 이긴다.

TIP

❶ '오늘'은 '–에'가 붙지 않는 것을 주의시켜 준다.
❷ 활동 시간이 충분하지 않은 경우 제한 시간을 주는 것도 좋은 방법이다.

게임지A

*오늘

*오늘

1시

월요일

1시

월요일

게임지C

월요일 피자를 먹다	월요일 요리를 하다	월요일 전화를 하다
월요일 공부하다	월요일 친구를 만나다	월요일 학교에 가다
월요일 텔레비전을 보다	월요일 운동하다	1시 피자를 먹다
1시 요리를 하다	1시 전화를 하다	1시 공부하다

1시 친구를 만나다	1시 학교에 가다	1시 텔레비전을 보다
1시 운동하다	*오늘 피자를 먹다	*오늘 요리를 하다
*오늘 전화를 하다	*오늘 공부하다	*오늘 친구를 만나다
*오늘 학교에 가다	*오늘 텔레비전을 보다	*오늘 운동하다

052 스위트룸에 없어요?

활동 목적	해당 장소에 사물의 유무 말하기
활동 유형	그림 보고 말하기
인원 구성	소그룹 (그룹당 3명)
목표 문형	N-에 있다/없다
준 비 물	활동지A, 활동지B

게임 준비

❶ 3명이 한 그룹이 된다.
❷ 활동지A와 B를 복사하여 카드 모양으로 자른다.
❸ A와 B 카드를 한 그룹에 1세트씩 준다.

게임 방법

❶ B카드는 1명당 1장씩 준다.
❷ A카드들은 책상 가운데 뒤집어 쌓아 놓는다.
❸ 게임 순서를 정한다.
❹ 첫 번째 사람이 A카드를 뒤집고 해당 물건이 있는지 물어 본다.
❺ 나머지 사람들은 자신의 B카드에 해당 물건이 있는지 없는지 목표 문형을 사용해 말한다.
❻ 해당 물건이 없는 사람에게 A카드를 준다.
❼ 질문자의 B카드에 해당 물건이 없다면 직접 가져온다.
❽ 돌아가면서 ❹~❼을 반복해 진행한다.

예시

가: 수건이 있어요? 어디에 있어요?
나: (301호 그림을 가진 학생) 301호에 없어요.
다: (303호 그림을 가진 학생) 303호에 있어요.
303호 화장실에 있어요.

수건
열쇠
전화기
Beer
맥주
꽃병
노트북 컴퓨터
텔레비전
칫솔
와인
그림
MILK
우유
MOVIE
STAR
잡지
사과
한국어
책
신문

활동지B

303
한국어
MAGAZINE
MILK

053 이것은 누구의 것이에요?

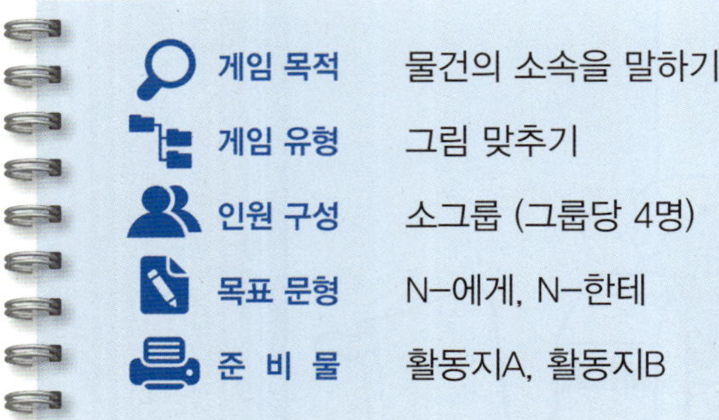

게임 준비

❶ 4명이 한 그룹이 된다.

❷ 활동지A, B를 복사한 후 카드 모양으로 자른다.

❸ A, B카드를 한 그룹당 1세트씩 준다.

게임 방법

❶ A카드는 1명당 1장씩 갖는다.

❷ B카드는 책상 중앙에 뒤집어 쌓아 둔다.

❸ 게임할 순서를 정한 후 첫 번째 사람이 B카드를 1장 뒤집는다.
목표 문형을 사용해 해당 물건을 누구에게 줄지 물어 본다.

❹ 나머지 사람들은 자신에게 필요한 것이면 '○○ 씨에게 주세요.'라고 대답 후 B카드를 가져온다.

❺ 돌아가면서 ❷~❺를 반복해 진행한다.

예시

가: 이 모자 누구에게 줄까요?

나: 저에게 주세요. 제 모자예요.

활동지A

활동지B

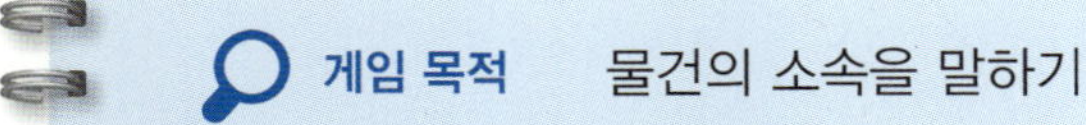

054 누구에게 줘요?

- **게임 목적** 물건의 소속을 말하기
- **게임 유형** 카드 모으기
- **인원 구성** 소그룹 (그룹당 4명)
- **목표 문형** N–에게
- **준 비 물** 게임지A, 게임지B, 차임벨

게임 준비

❶ 4명이 한 그룹이 된다.
❷ 게임지A는 복사한 후 1명당 1장씩 준다.
❸ 게임지B는 카드 모양으로 자른 후 한 그룹당 한 세트씩 준다.
❹ 차임벨을 책상 중앙에 둔다.

이 게임은 승무원이 되어 손님에게 필요한 물건을 주는 게임이다.

게임 방법

❶ B카드는 책상 위에 뒤집어 쌓아 놓는다.
❷ 게임 순서를 정한다.
❸ 첫 번째 사람이 B카드를 1장 뒤집는다.
❹ 목표 문형을 이용해 누가 해당 물건이 필요한지 질문한다.
❺ 나머지 사람들은 자신의 게임지A를 보며 어떤 손님이 해당 물건이 필요한지 빨리 찾는다.
❻ 먼저 찾은 사람이 재빨리 차임벨을 누른다.
❼ 목표 문형을 사용해 대답한다.
❽ 맞으면 카드를 가져간다.
❾ 만약 틀리면 나머지 두 사람 중 먼저 차임벨을 누르는 사람이 대답할 기회를 얻는다.
❿ 카드를 가장 많이 모은 사람이 승자가 된다.

예시

가: 이 두통약을 누구에게 줘요?
나: 29C 손님에게 두통약을 주세요.

게임지A

안경
신문
와인
수건
Butter
음식
향수
이어폰
슬리퍼
담요
MILK
우유
두통약
H_2O
물

055 밀어! 밀어 ~

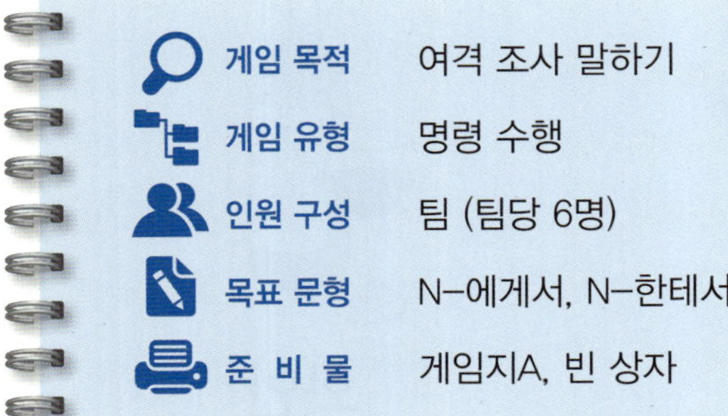

게임 목적 여격 조사 말하기
게임 유형 명령 수행
인원 구성 팀 (팀당 6명)
목표 문형 N–에게서, N–한테서
준 비 물 게임지A, 빈 상자

게임 준비

❶ 두 팀으로 나눈다.
❷ 게임지A를 복사하여 카드 모양으로 자른 후 빈 상자에 넣는다.

게임 방법

❶ 각 팀에서 한 명씩 나온다.
❷ 두 사람은 손바닥으로 상대방을 민다.

넘어지거나 그 자리에서 발을 떼면 진다.

❸ 이긴 사람은 상자에서 A카드 1장을 뽑는다.
❹ 뽑은 A카드에 자신의 이름을 적는다.
❺ 일렬로 서 있는 상대 팀원 중 1명을 선택해 A카드를 준다.
❻ A카드를 받은 사람은 게임이 끝날 때까지 A카드를 보면 안 된다.
❼ ❶~❺의 순으로 팀원 전체가 돌아가면서 게임을 한다.
❽ 벌칙 카드를 적게 받은 팀이 승리한다.
❾ 우승 팀이 결정되면 진 팀의 A카드를 받은 사람들이 앞으로 나온다.
❿ 누구한테서 받은 벌칙 카드인지 목표 문형을 말한 후 벌칙을 수행한다.

예시

교사: 누구한테서 받았어요?
벌칙 카드를 가지고 있는 사람: (벌칙 카드에 쓰여진 이름을 읽는다)
OO 씨한테서 받았습니다.

30초 동안 숨 쉬지 마세요.	20초 동안 말하세요.
10초 동안 눈을 감지 마세요.	한쪽 다리를 들고 30초 동안 움직이지 마세요.
한쪽 팔로 팔굽혀펴기를 10번 하세요.	다른 반에 가서 노래를 부르세요.
한국어 책 5권을 머리에 올리고 30초 동안 걸으세요.	

056 그날, 그곳에서

게임 목적 행동이 일어난 장소 말하기
게임 유형 보드
인원 구성 팀 (팀당 6명)
목표 문형 N-에서
준 비 물 게임지A, 주사위, 말 1개, 빈 상자 1개

게임 준비

❶ 두 팀으로 나눈다.
❷ 게임지A를 확대 복사한 후 칠판에 붙인다.
❸ 벌칙 카드는 교사가 직접 제작한 후 복사하여 카드 모양으로 자른 후 빈 상자에 넣는다. (벌칙 카드 참조)

게임 방법

❶ 각 팀에서 1명씩 나온다.
❷ '가위 바위 보'로 주사위 굴릴 사람을 정한다.
❸ 이긴 사람이 주사위를 굴린다.
❹ 주사위의 해당 수만큼 보드판의 말을 이동시킨다.
❺ 주사위를 던진 사람이 목표 문형을 사용해 질문한다.
❻ 상대방도 목표 문형을 사용해 대답한다.
❼ 다음 사람부터 ❶~❻ 순으로 게임을 진행한다.
❽ 오류 문장을 말했을 시 B카드를 뽑아 벌칙을 수행해야 한다.
❾ 벌칙을 많이 수행한 팀이 패자 팀이 된다.

한국 노래를 부르세요.	춤을 추세요.
500원을 주세요	엉덩이로 이름을 쓰세요
2분 동안 오른손을 드세요.	고향 노래를 부르세요.
2분 동안 왼손을 드세요.	2분 동안 두 손을 드세요.
물을 3잔 드세요.	얼굴에 스티커를 붙이세요.

〈벌칙 카드〉

예시

가: 영화관에서 무엇을 합니까?
나: 영화관에서 영화를 봅니다.

〈오류 발화의 예〉

가: 영화관에서 무엇을 합니까?
나: 영화관에 노래를 불러요.

게임지A

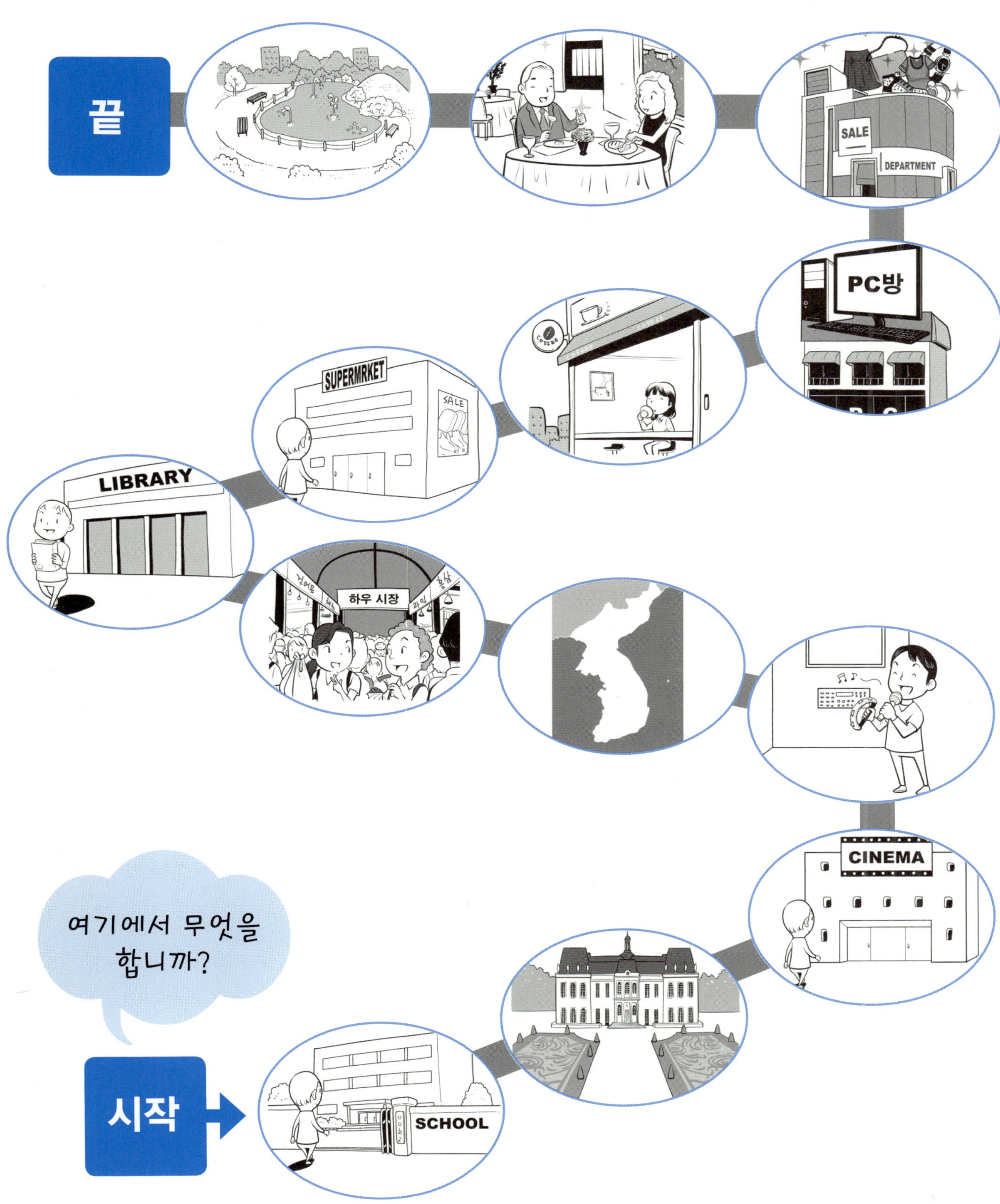
끝
SALE
DEPARTMENT
PC방
SUPERMRKET
SALE
LIBRARY
하우 시장
CINEMA
여기에서 무엇을 합니까?
시작
SCHOOL

057 어디까지 먹었니?

게임 목적	장소의 시작과 끝을 말하기
게임 유형	땅따먹기
인원 구성	팀 (팀당 6명)
목표 문형	N–에서 N–까지
준 비 물	게임지A, 지우개 2개, 색연필 2자루

게임 준비

❶ 두 팀으로 나눈다.
❷ 게임지A를 확대 복사한다.
❸ 책상 위에 게임지A를 테이프로 붙여서 고정을 시킨다.

게임 방법

❶ 각 팀에서 각각 한 명씩 나온다.
❷ 첫 번째 사람이 책상 위에 놓인 지우개를 손으로 튕긴다.
❸ 지우개가 게임지A 어디쯤 가 있는지 확인하다.
❹ 지우개가 들어간 구역의 점수를 체크하고 색연필로 칠한다.
❺ 그 다음 상대 팀원이 지우개를 튕긴다.
❻ 점수를 체크하고 다른 색깔로 칠한다.
❼ 두 팀이 돌아가면서 ❷~❻을 반복해 진행한다.
❽ 지우개가 '찬스'가 적힌 구역에 들어가면 상대팀의 한 구역의 땅을 먹을 수 있다.
❾ 점수를 합산하여 높은 팀이 이긴다.

게임지A의 구역마다 점수가 달리 표기되어 있다. 지우개가 들어가기 어려운 구역의 점수가 높다.

이때 해당 목표 문형을 말한다. '1'에서 시작해서 '4'에 지우개가 들어갔으면 "1부터 4까지 우리 땅이에요."

그림에 깃발이 꽂힌 지역이 있어야 함

TIP
점수를 합산할 때 같은 색깔로 땅이 연결되어 있으면 연결된 점수를 합산하여 두 배로 준다.

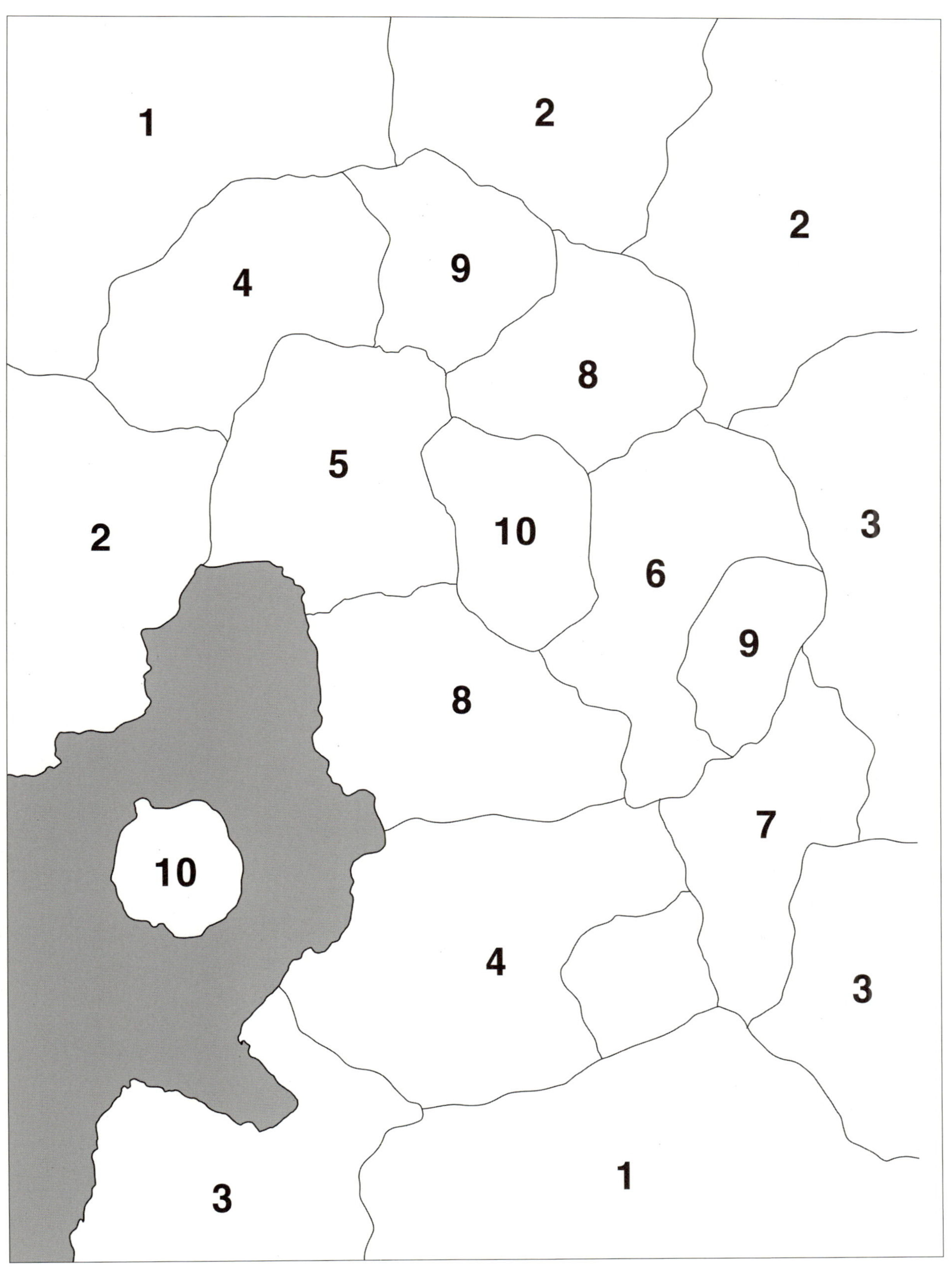
1
2
2
4
9
8
5
2
10
3
6
9
8
10
7
4
3
3
1

058 여행을 떠나자

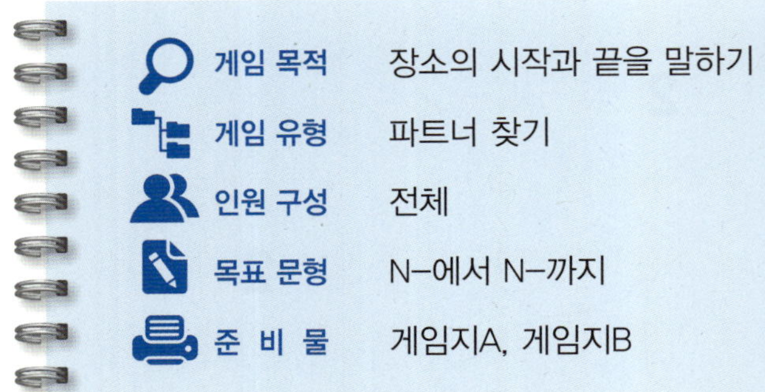

게임 목적 장소의 시작과 끝을 말하기
게임 유형 파트너 찾기
인원 구성 전체
목표 문형 N-에서 N-까지
준 비 물 게임지A, 게임지B

게임 준비

❶ 전체를 대상으로 한다.
❷ 게임지A, B를 복사한 후 카드 모양으로 자른다.

게임 방법

❶ 6명은 매표소 직원이 되고 나머지 6명은 손님이 된다.
❷ 매표소 직원에게는 A카드를, 손님에게는 B카드를 준다.
❸ B카드에는 구매해야 할 표에 대한 정보가 메모되어 있다.
❹ 손님들은 자신이 살 표를 가지고 있는 직원을 찾아 표를 사야 한다.
❺ 가장 먼저 표를 사는 사람이 이긴다.
❻ 역할을 바꿔 ❷~❺ 순으로 반복하여 진행한다.

예시

가: (표를 가지고 있는 학생) 서울에서 부산까지 가요. 표가 있어요?
나: (매표소 직원, 자신의 표를 보고 맞으면) 네, 표가 있어요.
가: 비행기표가 있어요?
나: 네, 있어요.

〈같은 표가 아닌 경우〉
가: (표를 가지고 있는 학생) 서울에서 부산까지 가요. 표가 있어요?
나: (매표소 직원, 자신의 표를 보고 맞으면) 네, 표가 있어요.
가: 비행기표가 있어요?
나: 미안합니다. 비행기표가 없어요.

게임지A

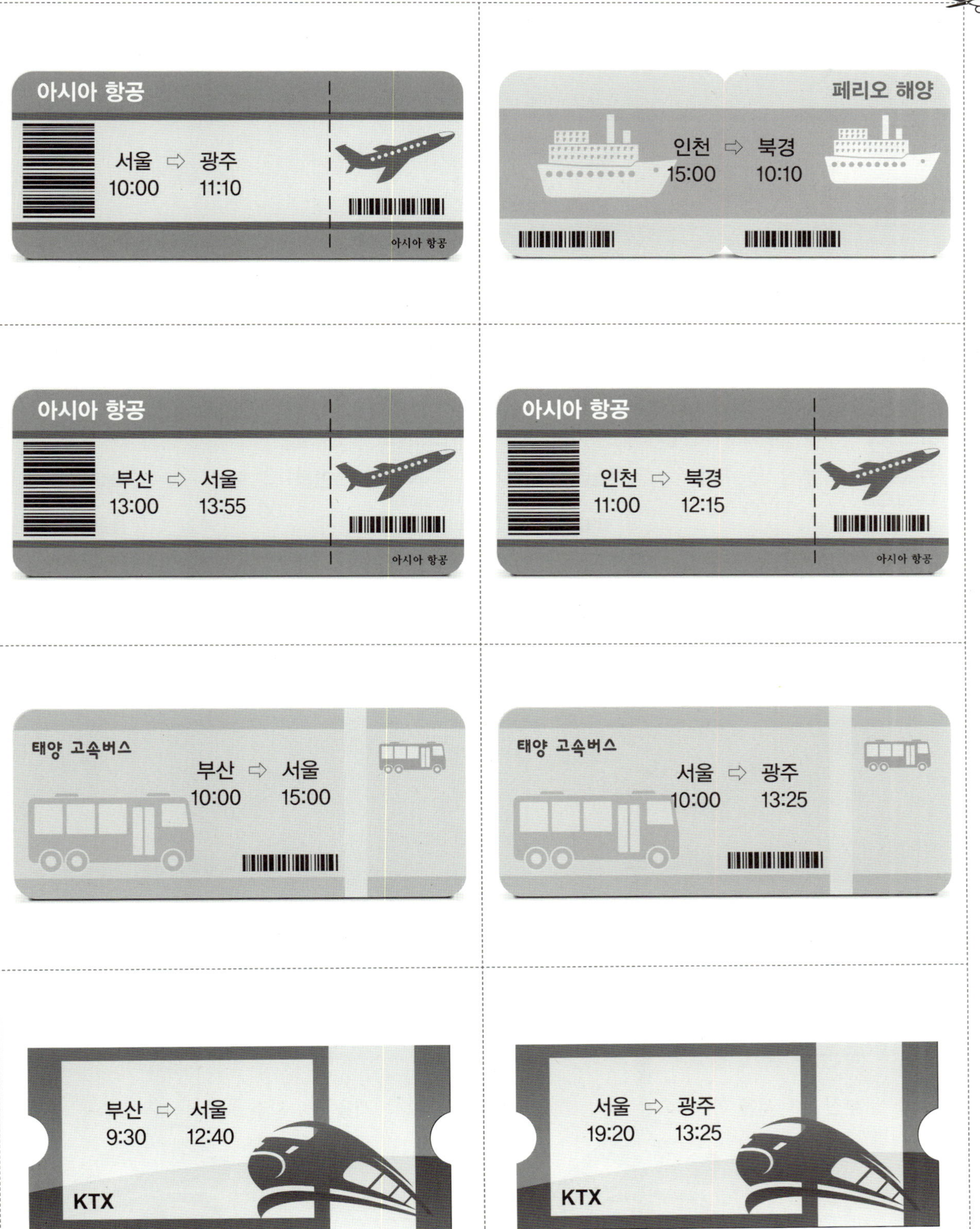
아시아 항공
서울 ⇨ 광주
10:00 11:10
아시아 항공
페리오 해양
인천 ⇨ 북경
15:00 10:10
아시아 항공
부산 ⇨ 서울
13:00 13:55
아시아 항공
아시아 항공
인천 ⇨ 북경
11:00 12:15
아시아 항공
태양 고속버스
부산 ⇨ 서울
10:00 15:00
태양 고속버스
서울 ⇨ 광주
10:00 13:25
부산 ⇨ 서울
9:30 12:40
KTX
서울 ⇨ 광주
19:20 13:25
KTX

게임지B

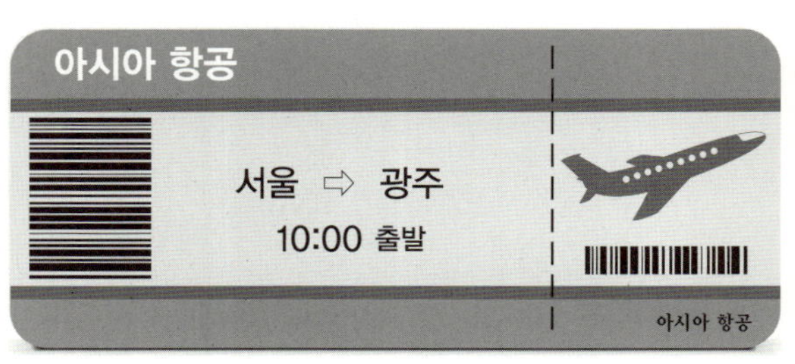
아시아 항공
서울 ⇨ 광주
10:00 출발
아시아 항공

페리오 해양
인천 ⇨ 북경
15:00 출발

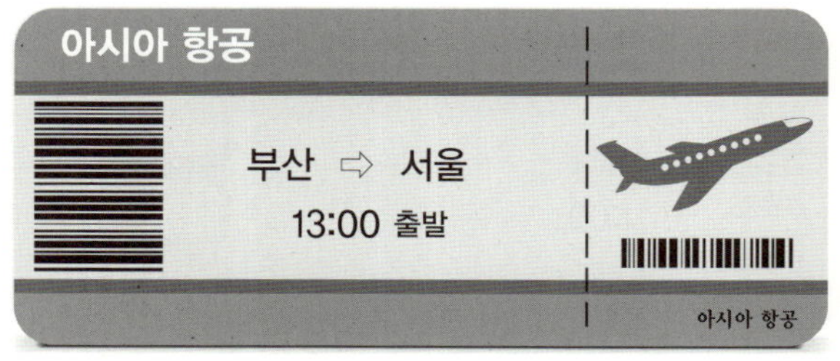
아시아 항공
부산 ⇨ 서울
13:00 출발
아시아 항공

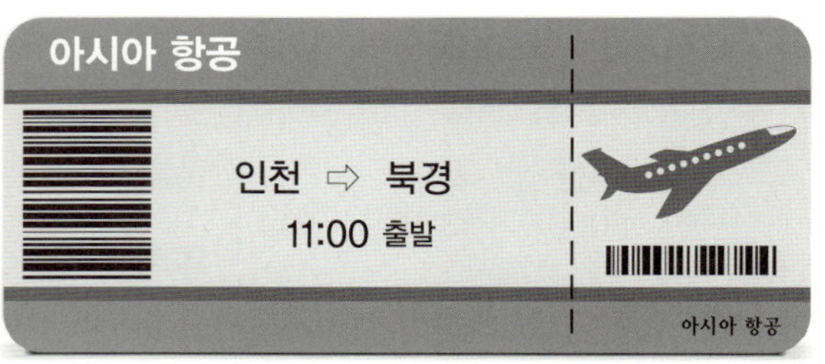
아시아 항공
인천 ⇨ 북경
11:00 출발
아시아 항공

태양 고속버스
부산 ⇨ 서울
10:00 출발

태양 고속버스
서울 ⇨ 광주
10:00 출발

부산 ⇨ 서울
9:30 출발
KTX

서울 ⇨ 광주
19:20 출발
KTX

059 던져라~ 카드 ①

게임 목적	은/는 조사 형태 연습
게임 유형	카드 털기
인원 구성	소그룹 (그룹당 4명)
목표 문형	N-은/는
준 비 물	게임지A, 게임지B

게임 준비

❶ 4명이 한 그룹이 된다.
❷ 게임지A 3장과 게임지B 6장을 복사한 후 카드 모양으로 자른다.
❸ 각 그룹에 A카드 한 세트와 B카드를 두 세트씩 나누어 준다.

게임 방법

❶ 팀별로 1명은 A카드를 주고, 나머지 3명은 B카드를 10장씩 나누어 준다.
❷ 교사의 신호와 함께 A카드를 가지고 있는 학생이 A카드를 책상 위에 1장씩 던진다.
❸ 나머지 3명은 가지고 있는 B카드 중에서 A카드에 맞는 조사를 낸다.
이때 B카드를 내면서 해당 조사를 사용해서 말해야 한다.
❹ 해당 조사를 말하지 않고 B카드를 내거나, 잘못 낸 경우에는 B카드를 다시 가지고 가야 한다.
❺ 해당 조사 카드가 없는 경우에는 쉰다.
❻ A카드를 내자마자 바로 B카드를 재빨리 낸다.
❼ 빨리 자신이 가지고 있는 B카드를 모두 터는 사람이 승자가 된다.

TIP
4명 모두가 돌아가면서 A카드를 던지는 역할을 해도 좋다.

예시

가: (A카드 '선생님'을 내려놓는다)
나~라: (B카드 '은'을 내면서) "선생님은"이라고 말한다.

가: (A카드 '친구'를 내려놓는다)
나~라: (B카드 '는'을 내면서) "친구는"이라고 말한다.

게임지A

선생님
아버지
남자
여자
친구
김수현
오빠
한국사람
마이클
할머니
형
할아버지
안녕하세요.
반갑습니다.
한국어
어머니
고향
한국
고양이
동생
학교
사과

은	는	은
는	은	는
은	는	은
는	은	는
은	는	은

060 무엇을 해요?

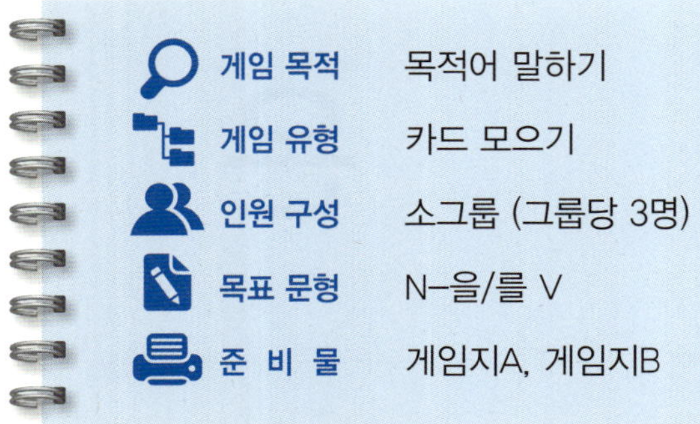

게임 목적	목적어 말하기
게임 유형	카드 모으기
인원 구성	소그룹 (그룹당 3명)
목표 문형	N-을/를 V
준 비 물	게임지A, 게임지B

게임 준비

❶ 3명이 한 그룹이 된다

❷ 게임지A, B를 그룹 수만큼 복사한 후 카드 모양으로 자른다.

❸ 각 그룹에 A, B카드를 한 세트씩 나누어 준다.

게임 방법

❶ A카드와 B카드를 각각 따로 중앙에 뒤집어 쌓아 놓는다.

❷ 순서를 정한 후 첫 번째 사람이 A카드를 뒤집는다.

❸ 나머지 두 사람은 카드를 뒤집은 사람에게 "지금 무엇을 해요?"하고 질문한다.

❹ A카드를 뒤집은 사람은 카드 그림에 비워져 있는 부분을 채워서 "N-을/를 V"로 말을 한 후에 B카드를 뒤집는다.

❺ 뒤집은 B카드가 자신이 말한 것과 같으면, A카드와 B카드를 가져간다.

❻ 자신이 말한 것과 다르면 B카드는 펼쳐 놓고 A카드는 다시 섞어 놓는다.

❼ 뒤집은 A카드의 비워져 있는 부분이 이미 펼쳐져 있는 B카드에 있는 경우에 A, B카드를 한 번 더 뒤집는 기회를 잡을 수 있다.

❽ 돌아가면서 ❸~❼을 반복해 진행한다.

❾ 제한 시간 안에 가장 많은 카드를 가지고 있는 사람이 이긴다.

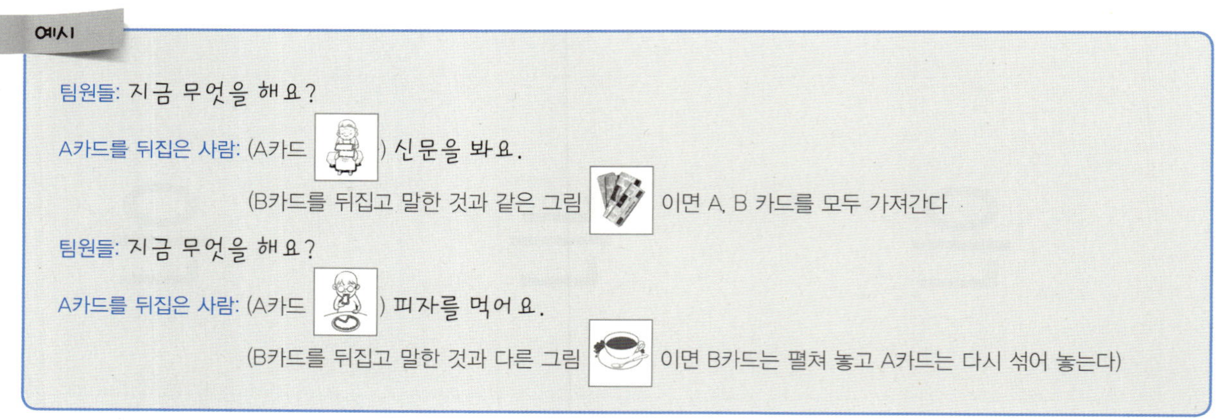

예시

팀원들: 지금 무엇을 해요?

A카드를 뒤집은 사람: (A카드) 신문을 봐요.

(B카드를 뒤집고 말한 것과 같은 그림 이면 A, B 카드를 모두 가져간다

팀원들: 지금 무엇을 해요?

A카드를 뒤집은 사람: (A카드) 피자를 먹어요.

(B카드를 뒤집고 말한 것과 다른 그림 이면 B카드는 펼쳐 놓고 A카드는 다시 섞어 놓는다)

가
나
다
라
마
사랑해요

게임지B

061 던져라~ 카드 ②

- **게임 목적** 을/를 조사 형태 연습
- **게임 유형** 카드 털기
- **인원 구성** 소그룹 (그룹당 4명)
- **목표 문형** N-을/를 V
- **준 비 물** 게임지A, 조사카드 (169쪽 참고)

게임 준비

❶ 4명이 한 그룹이 된다.
❷ 게임지A 3장과 조사카드 6장을 복사한 후 카드 모양으로 자른다.
❸ 각 그룹에 A카드 한 세트와 조사카드를 두 세트씩 나누어 준다.

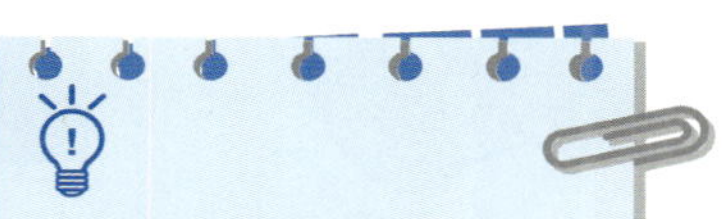

'조사카드' 만드는 방법은 던져라 카드 (169쪽, 게임지B)를 참고하여 만드십시오.

게임 방법

❶ 팀별로 1명은 A카드를 주고, 나머지 3명은 조사카드를 10장씩 나누어 준다.
❷ 교사의 신호와 함께 A카드를 가지고 있는 학생이 A카드를 책상 위에 1장씩 던진다.
❸ 나머지 3명은 가지고 있는 조사카드 중에서 A카드에 맞는 조사를 낸다.
이때 해당 조사 카드를 내면서 말해야 한다.
❹ 해당 조사를 말하지 않고 조사카드를 내거나, 조사카드를 잘못 낸 경우에는 조사카드를 다시 가져 온다.
❺ 해당 조사카드가 없는 경우에는 쉰다.
❻ A카드를 내자마자 바로 어울리는 조사카드를 재빨리 낸다.
❼ 빨리 자신이 가지고 있는 조사카드를 모두 터는 사람이 승자가 된다.

TIP
4명 모두가 돌아가면서 A카드를 던지는 역할을 해도 좋다.

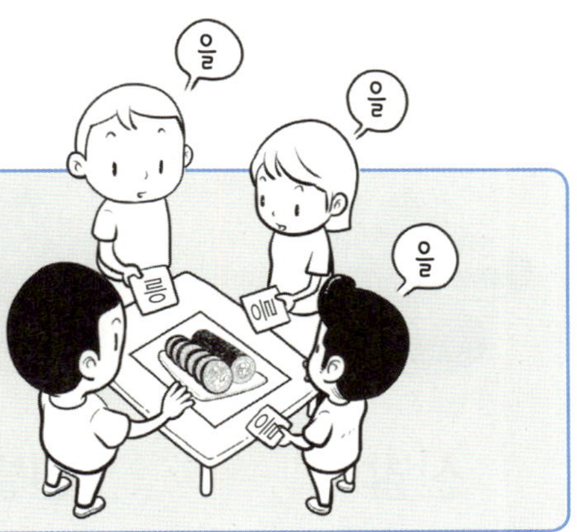

예시

가: (A카드 '맥주'를 내려놓는다)
나~라: (조사카드 '를'을 내면서) "맥주를"이라고 말한다.
가: (A카드 '김밥'을 내려놓는다)
나~라: (조사카드 '을'을 내면서) "김밥을"이라고 말한다.

게임지A

Beer
맥주
선물
노래
텔레비전
과일
영화
안녕하세요.
반갑습니다.
한국어
불고기
김밥
신문
선생님
숙제
숙제
꽃
편지
커피
친구
신발
신발
MILK
우유
한국어
책

062 이건 어때요?

게임 목적 형용사 말하기
게임 유형 스피드
인원 구성 팀 (팀당 6명)
목표 문형 N-이/가 A
준 비 물 게임지 A, 스케치북

게임 준비

❶ 두 팀으로 나눈다.
❷ 게임지 A를 복사한 후 잘라서 스케치북에 붙인다. (스케치북에 직접 써도 된다)
❸ 의자 두 개를 마주 보게 한다. 의자 사이의 거리는 여자걸음 4폭 정도가 적당하다.
❹ 의자에 [1]과 [2]로 표시를 한다.

게임 방법

❶ 먼저 할 팀을 정한다.
❷ 이긴 팀은 앞으로 나와 1번, 2번 의자에 각각 1명씩 앉고 나머지 학생들은 2번 의자 뒤에 서 있는다. 기다리는 학생들은 스케치북을 볼 수 없다.
❸ 진 팀 학생 중 1명이 나와 2번 의자 뒤에 스케치북을 들고 서 있는다. (신호에 따라 차례대로 넘겨준다)
❹ 1번 의자에 앉아 있는 사람은 해당 형용사가 나올 수 있도록 대답을 유도한다. "N-이/가 어때요?".
❺ 2번에 앉은 사람이 해당 형용사를 답을 맞히면 그 사람은 1번 의자로 뛰어가 앉는다.
❻ 기다리고 있던 사람은 2번 의자에 앉는다.
❼ 1번 의자에 앉았던 사람은 친구들 뒤에 가서 줄을 선다.
❽ 다음 사람부터 ❹~❼을 반복하여 진행한다.
❾ 같은 방식으로 팀을 바꿔서 진행한다.
❿ 제한 시간 동안 많은 형용사를 맞히는 팀이 이긴다.

TIP

교사가 학생 수준과 학생 수에 맞는 형용사 카드를 만들어 사용한다.
만약 답을 맞히지 못하는 학생이 있어 게임 진행이 늦어질 경우에는 교사가 "PASS"를 말하며 강제적으로 순서를 넘길 수 있다

예시

[뚱뚱하다] 카드를 본 후에 설명하기

1번 의자에 앉은 사람: (뚱뚱한 사람의 이름을 말하며) 씨가 어때요?

2번 의자에 앉은 사람: 00 씨가 뚱뚱해요.

게임지A

뚱뚱하다	어렵다	덥다
날씬하다	많다	깨끗하다
예쁘다	재미있다	쉽다
싸다	바쁘다	아프다
좋다	비싸다	조용하다
피곤하다	맵다	귀엽다
멋있다	맛없다	멀다
나쁘다	춥다	맛있다

063 던져라~ 카드 ③

게임 목적	을/를 조사 형태 연습
게임 유형	카드 털기
인원 구성	소그룹 (그룹당 4명)
목표 문형	N-이/가 A
준 비 물	게임지A, 조사카드 (169쪽 참고)

게임 준비

❶ 4명이 한 그룹이 된다.

❷ 게임지A 3장과 조사카드 6장을 복사한 후 카드 모양으로 자른다.

❸ 각 그룹에 A카드 한 세트와 조사카드를 두 세트씩 나누어 준다.

'조사카드' 만드는 방법은 던져라 카드 (169쪽, 게임지B)를 참고하여 만드십시오.

게임 방법

❶ 팀별로 1명은 A카드를 주고, 나머지 3명은 조사카드를 10장씩 나누어 준다.

❷ 교사의 신호와 함께 A카드를 가지고 있는 학생이 A카드를 책상 위에 1장씩 던진다.

❸ 나머지 3명은 가지고 있는 조사카드 중에서 A카드에 맞는 조사를 낸다.
이때 해당 조사 카드를 내면서 말해야 한다.

❹ 해당 조사를 말하지 않고 조사 카드를 내거나, 잘못 낸 경우에는 낸 조사카드를 다시 가지고 가야 한다.

❺ 해당 조사카드가 없는 경우에는 쉰다.

❻ A카드를 내자마자 바로 어울리는 조사카드를 재빨리 낸다.

❼ 빨리 자신이 가지고 있는 조사카드를 모두 터는 사람이 승자가 된다.

TIP
4명 모두가 돌아가면서 A카드를 던지는 역할을 해도 좋다.

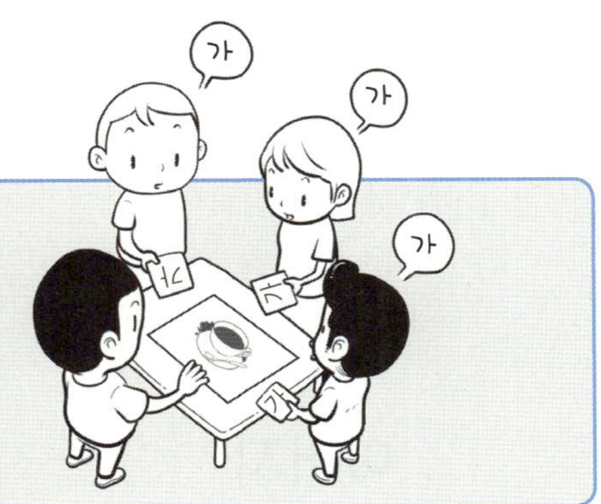

예시

가: (A카드 '커피'를 내려놓는다)

나~라: (B카드 '가'를 내면서) "커피가"이라고 말한다.

가: (A카드 '핸드폰'을 내려놓는다)

나~라: (B카드 '이'를 내면서) "핸드폰이"이라고 말한다.

게임지A

커피	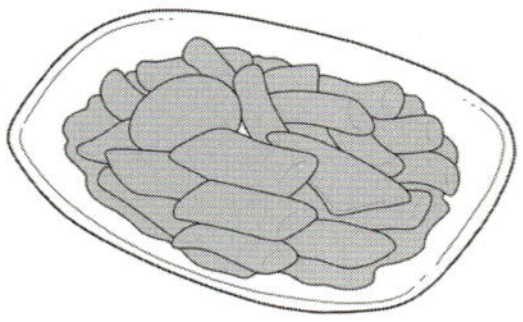 떡볶이	 핸드폰	 지하철
 버스	 김치	 한국어 책	 컴퓨터
한국어	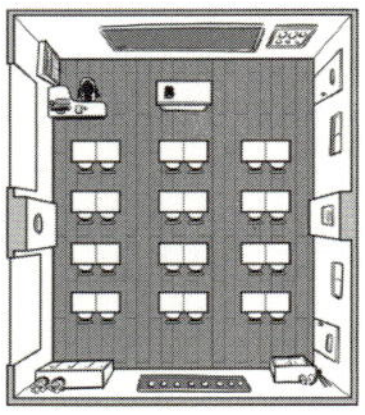 교실	 시계	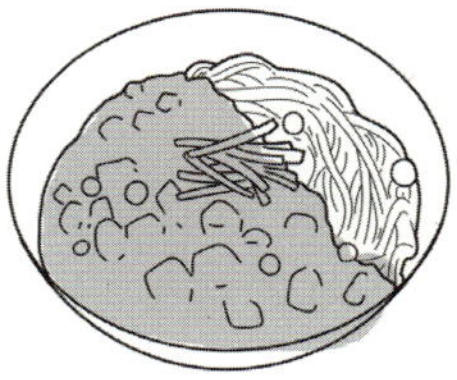 자장면
 선생님	 학생	 친구	 강아지
 아버지	 어머니	 할머니	 오빠

064 어디에 있을까요?

게임 목적	존재 여부 말하기
게임 유형	물건 찾기
인원 구성	전체
목표 문형	N-이/가 있다 (없다)
준 비 물	종이컵 3개, 동전

게임 준비

❶ 전체를 대상으로 한다.
❷ 종이컵 3개와 동전을 준비한다.

게임 방법

❶ 교사는 종이컵 3개를 책상 위에 엎어 놓는다.
❷ 빠른 손 동작으로 컵의 위치를 바꾸면서 동전을 감춘다.
❸ 컵의 위치를 바꾼 후 학생들에게 질문을 한다.
❹ 동전의 위치를 아는 사람은 손을 들고 해당 문형을 사용해서 대답을 한다.
❺ 동전이 들어있는 컵을 맞힌 학생이 이긴다.

TIP
교사는 학생들의 발화가 맞으면 "동전이 있어요."
틀리면, "동전이 없어요."

예시

교사: (컵의 위치를 바꾸는 동작을 멈춘 후) 동전이 어디에 있어요?
학생1: 첫 번째 컵에 동전이 있어요.
학생2: 세 번째 컵에 동전이 있어요.
교사: 첫 번째 컵에 동전이 있어요. 세 번째 컵에 동전이 없어요.

065 날아라~ 신발!

게임 목적	지시 관형사 말하기
게임 유형	신발 던지기
인원 구성	팀 (팀당 6명)
목표 문형	이 N, 그 N, 저 N
준 비 물	큰 빈 상자 6개

게임 준비

❶ 두 팀으로 나눈다.

❷ 상자 6개에 [이 5점] [그1 10점] [그2 15점] [그3 20점] [저1 25점] [저2 30점]이 써진 종이를 붙인다.

❸ '이', '그', '저'의 종이가 붙어 있는 상자를 각기 알맞은 위치에 둔다.

게임 방법

❶ 각 팀을 각각 한 줄로 세운다.

❷ 신발을 발에 살짝 신고 있다가 발로 던지게 한다.

❸ 학생들은 신발을 던지기 전에 자신이 신발을 넣을 상자를 지정하고 다음과 같이 말한다.
"저는 '그1 상자'에 신발을 넣겠어요."

❹ 상자에 신발을 넣으면 점수를 준다.

❺ 지정한 상자에 넣으면 보너스 점수[+5]를 더 준다.

❻ 두 팀이 번갈아가면서 상자에 신발을 던진다.

❼ 팀원들이 받은 점수를 합산해서 가장 높은 점수를 받은 팀이 이긴다.

가: 저는 '이' 상자에 신발을 넣겠어요. ⇨ '이' 상자에 신발을 넣으면 10점 (5점+5점)

나: 저는 '저2' 상자에 신발을 넣겠어요. ⇨ '저2' 상자에 신발을 넣으면 35점 (30점+5점)
'저1' 상자에 신발을 넣으면 25점

066 던져라~ 카드 ④

- 게임 목적: 사물 이름 말하기
- 게임 유형: 카드 털기
- 인원 구성: 소그룹 (그룹당 4명)
- 목표 문형: N-이에요, N-예요
- 준 비 물: 게임지A, 조사카드 (169쪽 참고)

게임 준비

❶ 4명이 한 그룹이 된다.
❷ 게임지A 3장과 조사카드 6장을 복사한 후 카드 모양으로 자른다.
❸ 각 그룹에 A카드 한 세트와 조사카드를 두 세트씩 나누어 준다.

'조사카드' 만드는 방법은 던져라 카드 (169쪽, 게임지B)를 참고하여 만드십시오.

게임 방법

❶ 팀별로 1명은 A카드를 주고, 나머지 3명은 조사카드를 10장씩 나누어 준다.
❷ 교사의 신호와 함께 A카드를 가지고 있는 학생이 A카드를 책상 위에 1장씩 던진다.
❸ 나머지 3명은 가지고 있는 조사카드 중에서 A카드에 맞는 조사를 낸다.
이때 해당 조사카드를 내면서 말해야 한다.
❹ 해당 조사를 말하지 않고 조사카드를 내거나, 잘못 낸 경우에는 낸 조사카드를 다시 가지고 가야 한다.
❺ 해당 조사카드가 없는 경우에는 쉰다.
❻ A카드를 내자마자 바로 어울리는 조사카드를 재빨리 낸다.
❼ 빨리 자신이 가지고 있는 조사카드를 모두 터는 사람이 승자가 된다.

TIP
4명 모두가 돌아가면서 A카드를 던지는 역할을 해도 좋다.

예시

가: (A카드 '친구'를 내려놓는다)
나~라: (조사카드 '예요'를 내면서) "친구예요."라고 말한다.
가: (A카드 '선생님'을 내려놓는다)
나~라: (조사카드 '이에요'를 내면서) "선생님이에요."라고 말한다.

게임지A

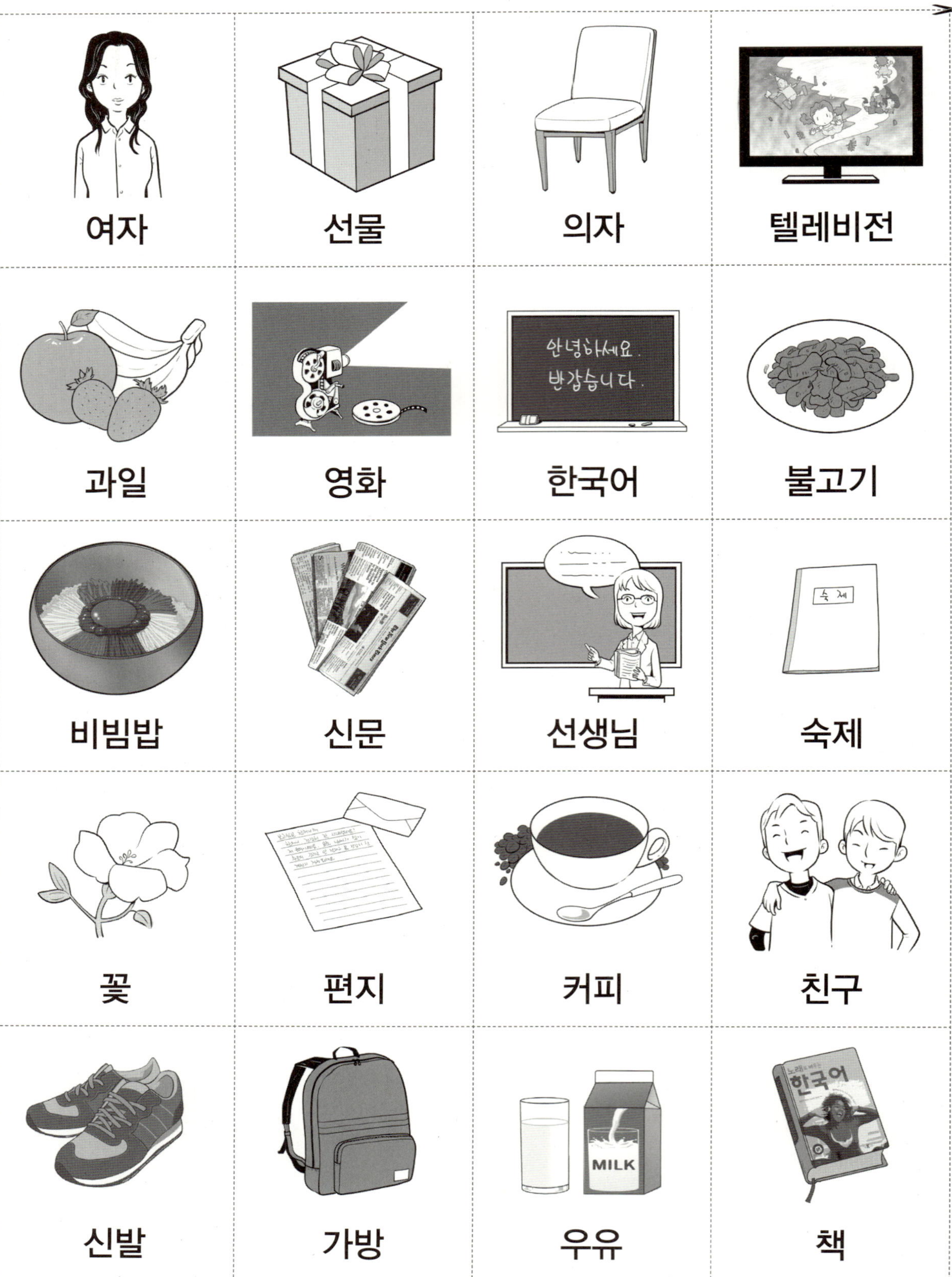
여자
선물
의자
텔레비전
안녕하세요.
반갑습니다.
과일
영화
한국어
불고기
숙제
비빔밥
신문
선생님
숙제
꽃
편지
커피
친구
MILK
한국어
신발
가방
우유
책

067 무엇입니까?

게임 목적	사물 이름 말하기
게임 유형	정보차
인원 구성	짝
목표 문형	N-입니다, N-이/가 아닙니다
준 비 물	활동지A, 활동지B

게임 준비

❶ 두 사람이 짝이 된다.

❷ 활동지A, B를 팀 수만큼 복사한다.

❸ 각 팀에게 활동지A, B를 한 세트씩 나누어 준다.

게임 방법

❶ 학생들은 상대방의 활동지를 볼 수 없다.

❷ 활동지A를 받은 학생은 [가]그림을 보면서 목표 문형을 사용해서 질문한다. "N-입니까?"

❸ 활동지B를 받은 학생은 전체가 있는 [가]그림을 보며 목표 문형을 사용해서 대답한다.

❹ 역할을 바꿔 [나]그림을 보면서 ❷~❸을 반복한다.

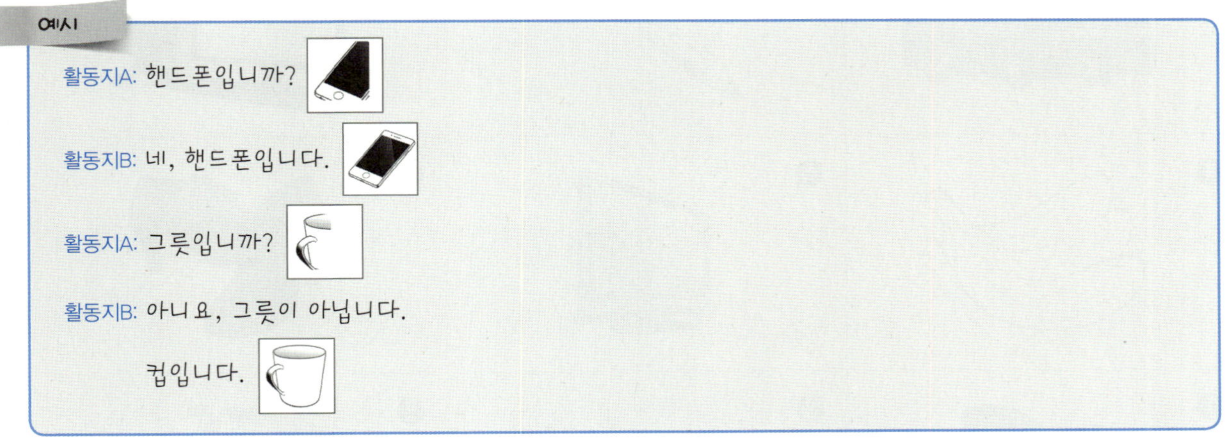

활동지A

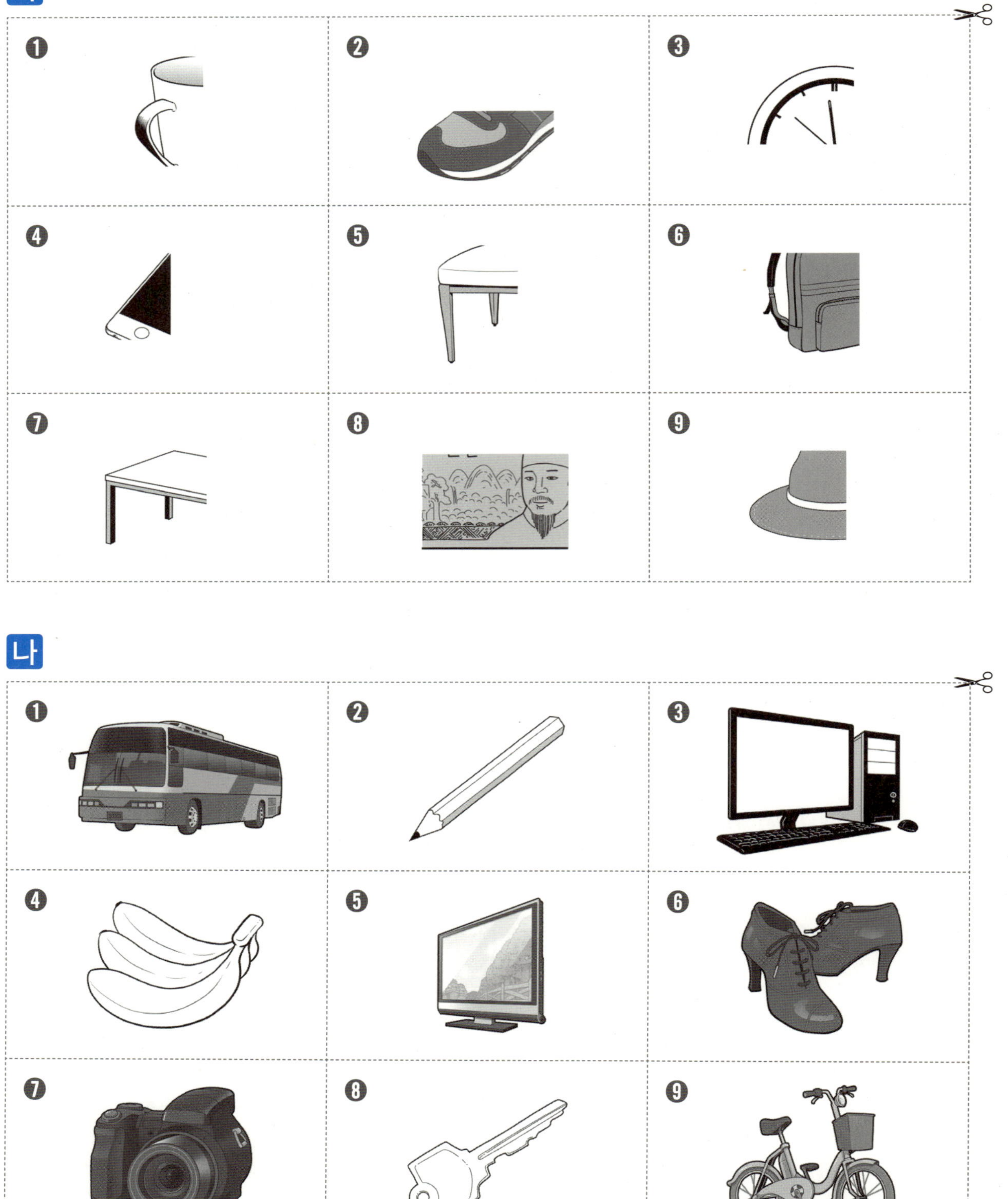

가

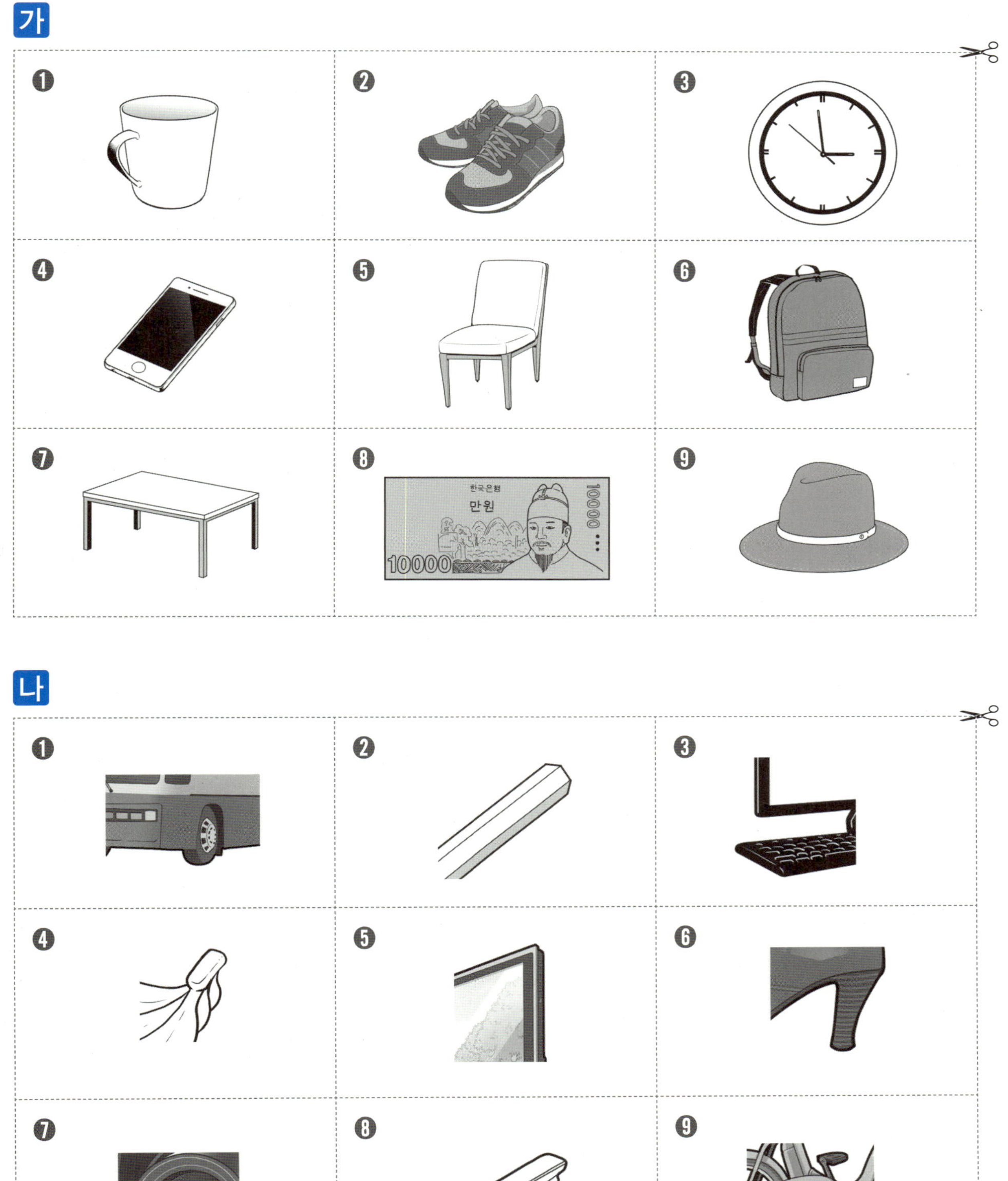

068 우린 너무 잘 맞아!

 **게임 목적** 잘하는 것과 잘 못하는 것 말하기

 **게임 유형** 동시에 말하기

 **인원 구성** 팀 (팀당 2명)

 **목표 문형** 잘 V, 잘못 V

 **준 비 물** 게임지A, 빈 상자

게임 준비

❶ 2명이 한 팀이 된다.

❷ 게임지A를 복사한 후 카드 모양으로 잘라서 상자에 넣는다.

❸ 의자 2개의 등을 맞대어 놓아둔다.

게임 방법

❶ 팀별로 순서대로 나와 등을 맞대고 앉는다. (앉아 있는 두 학생은 서로 이야기를 할 수 없다)

❷ 학생 중 1명이 상자에서 A카드를 1장 뽑는다.

❸ 교사는 A카드를 질문한다.

❹ 교사의 질문이 끝남과 동시에 두 학생은 목표 문형을 사용해서 대답한다.

❺ 다음 팀부터 ❶~❹를 반복하여 진행한다.

❻ 같은 대답을 많이 한 팀이 승자가 되어 그 반 최고의 '베프'로 공식 선정된다.

TIP

❶ 학생들이 동시에 대답을 할 수 있도록 교사가 신호로 유도하는 것이 좋다.

❷ 학생들의 수준에 따라 '앉다-서다' 게임으로 바꾸어 진행할 수도 있다.
"잘해요"라는 말 대신 일어서게 한다.
"잘 못해요"라는 말 대신 계속 앉아 있게 한다.

※ 활발한 게임 참여를 위해서 말과 행동이 동시에 이루어지게 게임을 진행해도 좋다.

❹ N-을/를 잘 못해요?"의 질문에는 "네, 잘못해요", "아니요, 잘해요"로 대답할 수 있도록 가르친다.

예시

교사: 매운 음식을 잘 먹어요?

가: 잘 먹어요. (일어서다) 나: 잘 먹어요. (일어서다)

교사: 농구를 잘못해요?

가: 네, 농구를 잘못해요. (계속 앉아 있다) 나: 아니요, 농구를 잘해요. (일어서다)

교사: 요리를 잘해요?

가: 아니요, 요리를 잘못해요. (계속 앉아 있다) 나: 아니요, 요리를 잘못해요. (계속 앉아 있다)

❶ 매운 음식을 잘 먹어요?
❷ 농구를 잘못해요?
❸ 요리를 잘해요?
❹ 약속을 잘 지켜요?

❶ 단 음식을 잘 먹어요?
❷ 매운 음식을 잘 못 먹어요?
❸ 한국노래를 잘 불러요?
❹ 요리를 잘못해요?

❶ 수영을 잘해요?
❷ 약속을 잘 못 지켜요?
❸ 한국어를 잘 말해요?
❹ 한국 노래를 잘 못 불러요?

❶ 축구를 잘해요?
❷ 영어를 잘해요?
❸ 청소를 잘해요?
❹ 매운 음식을 잘 먹어요?

❶ 매운 음식은 잘 못 먹어요?
❷ 운전을 잘못해요?
❸ 요리를 잘해요?
❹ 기타를 잘 쳐요?

❶ 운동을 잘해요?
❷ 청소를 잘못해요?
❸ 중국어를 잘해요?
❹ 춤을 잘 춰요?

069 하지 마! 하지 마!

게임 목적	금지표현 말하기
게임 유형	미션 달성
인원 구성	팀 (팀당 6명)
목표 문형	V–지 마십시오, V–지 마세요
준 비 물	게임지A, 빈 상자

게임 준비

❶ 두 팀으로 나눈다.
❷ 게임지A는 복사한 후 카드 모양으로 자른다.
❸ A카드를 반으로 접어서 상자에 넣는다.

게임 방법

❶ 두 팀은 마주 보고 일렬로 선다.
❷ 둘 중 한 명이 상자에서 A카드를 1장 뽑는다.
❸ A카드의 미션을 목표 문형을 사용해서 큰 소리로 말한다.
❹ 두 사람은 들은 대로 행동한다.
❺ 해당 미션을 오랫동안 한 사람이 이긴다.
❻ 차례대로 ❷~❺를 반복하여 진행한다.
❼ 이긴 사람이 많은 팀이 승자가 된다.

미션	게임 방법
두 다리로 서지 마십시오.	한쪽 다리를 들고 서서 먼저 다리를 내리는 사람이 진다.
눈을 감지 마십시오.	눈싸움: 먼저 눈을 감은 사람이 진다.
웃지 마십시오.	서로 상대방에게 간지럼을 태워서 먼저 웃는 사람이 진다.
숨을 쉬지 마십시오.	숨 참기: 동시에 숨을 참고 먼저 숨을 참지 못하고 쉬는 사람이 진다.
'소리'를 내지 마십시오.	서로 상대방의 팔을 꼬집게 한다. 먼저 비명을 지르며 도망가는 사람이 진다.
쉬지 마십시오.	음악을 틀어주고 계속 춤을 추게 한다. 먼저 춤을 멈춘 사람이 진다.

두 다리로 서다
눈을 감다
웃다
숨을 쉬다
'소리'를 내다
쉬다

070 뒤를 조심해 ②

 **게임 목적** 대조 표현 말하기

 **게임 유형** 런닝맨

 **인원 구성** 전체

 **목표 문형** A/V-지만

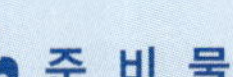 **준 비 물** 게임지A, 게임지B, 호루라기, 차임벨

게임 준비

❶ 전체를 대상으로 한다.

❷ 게임지A를 확대 복사한 후 카드 모양으로 자른다.

❸ 게임지B는 확대 복사한 후 카드 모양으로 잘라서 칠판에 뒤집어 붙여 놓는다. 게임 활동 시 쉽게 뗄 수 있게 살짝 붙인다.

❹ 교사가 A카드를 학생들의 등에 2장씩 붙인다. 학생들은 자기 카드를 볼 수 없다.

게임 방법

❶ 교사가 호루라기를 불면 학생들은 칠판에 붙어 있는 B카드를 1장씩 떼어 가진다.

❷ B카드와 어울리는 A카드를 친구들의 등에서 2장 찾아내어 뗀다. 이때 친구들이 자신의 등에 있는 종이를 못 떼게 방해할 수 있다.

❸ 종이를 뗀 사람은 그 종이를 가지고 차임벨을 누른 후에 종이를 보여 주면서 목표 문형을 사용해 말한다.

❹ 교사는 발화가 맞으면 "합격"이라고 말하며 종이에 스티커를 붙여 준다. (합격 도장을 찍어 줘도 좋다)

❺ '합격'을 받은 사람은 계속해서 게임에 참가할 수 있다.

❻ 칠판에 A카드가 없어질 때까지 게임을 진행한다.

❼ '합격 스티커'를 많이 받은 사람이 승자가 된다.

TIP

더 많은 활동을 원할 경우에는 게임지A를 2장 복사하여 학생들의 등에 4장씩 붙이고, 이것과 어울리는 게임지B를 더 만들어 사용한다.

예시

칠판에 있는 종이 [한국 생활]

친구의 등에서 뗀 종이 [힘들다] / [재미있다]

"한국생활이 힘들지만 재미있어요."

칠판에 있는 종이 [김치]

친구의 등에서 뗀 종이 [맛있다] / [맵다]

"김치가 맛있지만 매워요."

재미있다	재미있다	어렵다	힘들다
맛있다	예쁘다	비싸다	맵다
좋다	괜찮다	건강에 나쁘다	무섭다
빠르다	건강에 좋다	맛없다	비싸다
뜨겁다	아름답다	건강에 좋다	재미없다
쉽다	싸다	이상하다	어렵다

게임지B

안녕하세요.
반갑습니다.
SALE
DEPARTMENT
반갑습니다.
숙제
꽃
한국어
한국생활
김치
백화점
삼계탕
햄버거
된장찌개
한국어 선생님
비행기
한국드라마
숙제

071 당연하지!

 **게임 목적** 확인하는 질문하기

 **게임 유형** 당연하지

 **인원 구성** 팀 (팀당 6명)

 **목표 문형** A/V-지요? N-(이)지요? A/V-았/었지요?

게임 준비

❶ 두 팀으로 나눈다.

❷ 두 팀은 마주 보고 선다.

❸ '당연하지 게임'의 룰과 손동작을 가르쳐 준다.

게임 방법

❶ 먼저 시작할 사람을 정한다.

❷ 목표 문형을 사용해서 앞 사람에게 질문한다.
상대방이 당연하다고 말하지 못할 것 같은 질문을 하는 것이 중요하다.

❸ 상대방의 질문에 동의할 경우에는 손동작과 함께 "당연하지"를 외친다.

❹ 둘 중 한 명이 "당연하지"를 못하는 경우가 생길 때까지 질문과 대답을 반복한다.

❺ 대답을 못하는 사람이 진다.

❻ 다음 사람부터 ❶~❺를 반복한다.

❼ 이긴 사람이 많은 팀이 우승팀이 된다.

예시

가: 너 오늘 샤워 안 했지?
나: 당연하지! 너도 지난주부터 오늘까지 안 씻었지?
가: 당연하지! 너 오늘 이를 안 닦았지?
나: 당연하지! 너 지금 방귀 뀌었지?
가: ....

072 맞지? 맞지?

게임 목적 확인하는 질문하기
게임 유형 기억력
인원 구성 팀 (팀당 6명)
목표 문형 A/V-지요? N-(이)지요? A/V-았/었지요?
준 비 물 게임지A, 게임지B, 스티커 20개

게임 준비

❶ 두 팀으로 나눈다.
❷ 게임지A와 게임지B를 2장 확대 복사한다.
❸ 게임지A, B 한 세트는 교사가 가진다.
❹ 한 팀에게는 게임지A를 다른 팀에게는 게임지B를 나눠 준다.

게임 방법

❶ 게임 순서를 정한다.
❷ 상대 팀의 게임지는 볼 수 없다.
❸ 첫 번째 팀에게 상대 팀의 게임지 그림을 10초 동안 보게 한다.
❹ 첫 번째 팀은 돌아가면서 상대 팀에게 목표 문형을 사용해서 그림과 관련된 10개의 확인 질문을 한다.
❺ 상대 팀은 첫 번째 팀의 확인 질문에 "네", "아니요"로 대답을 한다.
❻ "네"라는 대답을 들을 때마다 스티커를 받는다.
❼ 같은 방식으로 팀을 바꾸어 진행한다.
❽ 스티커를 많이 받는 팀이 이긴다.

"동대문 시장이지요?"
"옷을 사는 사람들이 많이 있었지요?"
"쓰레기를 청소하는 사람들이 있었지요?"
"아이가 아이스크림을 사지요? (X)"
"할머니가 옷을 샀지요?(X)"
·
·
·

"놀이 공원이지요? (X)"
"남자가 잠을 잤지요?"
"아이가 울고 있지요?"
"여자가 빵을 먹었지요?(X)"
"남자가 조깅을 했지요?"
·
·
·

동대문 시장

게임지B

073 1 + 1

게임 목적	명사 연결해서 말하기
게임 유형	이어 말하기
인원 구성	팀 (팀당 6명)
목표 문형	N–하고 N

게임 준비

❶ 두 팀으로 나눈다.

❷ 교사는 '시장에 가면' 노래의 리듬과 '4박자 손동작'을 가르쳐 주고 연습을 시킨다.

게임 방법

❶ 게임의 순서를 정한다.

❷ 리듬과 손동작이 익숙해졌을 때 교사가 먼저 장소의 이름을 말하면서 게임을 시작한다.

❸ 첫 번째 팀원들은 그 장소에 있는 명사를 목표 문형을 사용해 연결해서 말한다.

❹ 같은 방식으로 팀을 바꾸어 한다.

❺ 가장 길게 연결해서 말한 팀이 승자가 된다.

TIP
[제시할 장소] 시장, 교실, 백화점, 도서관, 집, 슈퍼마켓, 놀이동산 등

예시

[가팀]

교사: 교실에는~

가: 책상하고

나: 책상하고 의자하고

다: 책상하고 의자하고 시계하고

라: 책상하고 의자하고 시계하고 달력하고

마: 책상하고 의자하고 시계하고 달력하고 컴퓨터하고

바: 책상하고 의자하고 시계하고 달력하고 컴퓨터하고 칠판하고~

초급 2

074 내가 경험왕!

게임 목적	자신의 경험담 이야기하기
게임 유형	보드
인원 구성	팀 (팀당 6명)
목표 문형	V-(으)ㄴ 적이 있다/없다
준 비 물	게임지A, 게임지B, 주사위, 말 2개

게임 준비

❶ 두 팀으로 나눈다.
❷ 게임지A는 확대 복사한다.
❸ 게임지B는 복사한 후 카드 모양으로 자른다.
❹ 모두에게 B카드를 1장씩 나누어 준다.

게임 방법

❶ 각 팀의 대표가 나와 어느 팀이 먼저 할지 순서를 정한다.
❷ 첫 번째 팀의 첫 번째 사람이 나와 주사위를 던진다.
❸ 주사위에 나온 숫자만큼 말을 이동한다.
❹ 상대팀은 말이 정지한 칸의 질문을 목표 문형을 사용하여 크게 읽는다.
❺ 주사위를 던진 사람은 자신의 카드를 확인한 후 목표 문형을 사용하여 대답한다. 그리고 해당 칸의 지시에 따라 말을 다시 이동하거나 멈춘다.
❻ 두 번째 팀의 첫 번째 사람이 나와 ❷~❺를 진행한다.
❼ 말이 보드판을 한 바퀴 돌 때까지 양 팀은 번갈아서 게임을 진행한다.
❽ 말이 출발 위치에 먼저 도착하는 팀이 이긴다.

❶ 각 팀의 인원이 많을 경우에는 말의 개수와 B카드의 수를 늘려 사용한다.
❷ 가급적 큰 주사위를 사용하는 것이 게임의 재미를 높일 수 있다.

예시

첫 번째 팀: (주사위를 던진다 → 숫자 2가 나옴)
두 번째 팀: 김치를 먹은 적이 있어요?
첫 번째 팀: (자기 카드를 확인한 후) 네, 먹은 적이 있어요. (말을 앞으로 2칸 이동함)

내가 경험왕

시작 Start

질문 롤러코스터를 타다
있다 ➡ 뒤로 2칸
없다 ➡ 무인도로

질문 수업 시간에 자다
있다 ➡ 뒤로 4칸
없다 ➡ 멈추세요

질문 핸드폰을 잃어버리다
있다 ➡ 앞으로 1칸
없다 ➡ 뒤로 2칸

질문 한국 노래를 부르다
있다 ➡ 앞으로 2칸
없다 ➡ 뒤로 1칸

질문 한국에서 택시를 타다
있다 ➡ 앞으로 1칸
없다 ➡ 뒤로 3칸

질문 치마를 입다
있다 ➡ 멈추세요
없다 ➡ 뒤로 2칸

질문 외국 친구를 사귀다
있다 ➡ 멈추세요
없다 ➡ 무인도로

질문 인터넷으로 물건을 사다
있다 ➡ 앞으로 1칸
없다 ➡ 뒤로 3칸

질문 한국영화를 보다
있다 ➡ 앞으로 2칸
없다 ➡ 뒤로 2칸

질문 한국말로 거짓말을 하다
있다 ➡ 멈추세요
없다 ➡ 뒤로 1칸

질문 제주도에 가다
있다 ➡ 앞으로 1칸
없다 ➡ 멈추세요

질문 김치를 먹다
있다 ➡ 앞으로 2칸
없다 ➡ 뒤로 1칸

무인도로

주사위를 던지는 기회가 1회 없어진다. 상대팀이 2번의 기회를 가진 후 시작할 수 있다.

게임지B

경험	있다	없다
김치를 먹다	O	
제주도에 가다	O	
한국말로 거짓말을 하다		O
한국 영화를 보다		O
인터넷으로 물건을 사다		O
외국 친구를 사귀다	O	
치마를 입다	O	
한국에서 택시를 타다		O
한국 노래를 부르다	O	
핸드폰을 잃어버리다	O	
수업 시간에 자다	O	
롤러코스터를 타다		O

경험	있다	없다
김치를 먹다	O	
제주도에 가다	O	
한국말로 거짓말을 하다		
한국 영화를 보다	O	
인터넷으로 물건을 사다		O
외국 친구를 사귀다		O
치마를 입다	O	
한국에서 택시를 타다		O
한국 노래를 부르다	O	
핸드폰을 잃어버리다		O
수업 시간에 자다	O	
롤러코스터를 타다		O

경험	있다	없다
김치를 먹다	O	
제주도에 가다		O
한국말로 거짓말을 하다		O
한국 영화를 보다	O	
인터넷으로 물건을 사다		O
외국 친구를 사귀다	O	
치마를 입다		O
한국에서 택시를 타다		O
한국 노래를 부르다	O	
핸드폰을 잃어버리다		O
수업 시간에 자다	O	
롤러코스터를 타다		O

경험	있다	없다
김치를 먹다	O	
제주도에 가다	O	
한국말로 거짓말을 하다		O
한국 영화를 보다	O	
인터넷으로 물건을 사다		O
외국 친구를 사귀다	O	
치마를 입다		O
한국에서 택시를 타다		O
한국 노래를 부르다		O
핸드폰을 잃어버리다	O	
수업 시간에 자다	O	
롤러코스터를 타다		O

경험	있다	없다
김치를 먹다	O	
제주도에 가다		O
한국말로 거짓말을 하다	O	
한국 영화를 보다	O	
인터넷으로 물건을 사다		O
외국 친구를 사귀다	O	
치마를 입다		O
한국에서 택시를 타다	O	
한국 노래를 부르다	O	
핸드폰을 잃어버리다		O
수업 시간에 자다	O	
롤러코스터를 타다		O

경험	있다	없다
김치를 먹다	O	
제주도에 가다		O
한국말로 거짓말을 하다		O
한국 영화를 보다	O	
인터넷으로 물건을 사다		O
외국 친구를 사귀다	O	
치마를 입다		O
한국에서 택시를 타다	O	
한국 노래를 부르다		O
핸드폰을 잃어버리다	O	
수업 시간에 자다		O
롤러코스터를 타다		O

경험	있다	없다
김치를 먹다	O	
제주도에 가다	O	
한국말로 거짓말을 하다		O
한국 영화를 보다	O	
인터넷으로 물건을 사다		O
외국 친구를 사귀다		O
치마를 입다	O	
한국에서 택시를 타다		O
한국 노래를 부르다		O
핸드폰을 잃어버리다	O	
수업 시간에 자다	O	
롤러코스터를 타다		O

경험	있다	없다
김치를 먹다	O	
제주도에 가다	O	
한국말로 거짓말을 하다		O
한국 영화를 보다		O
인터넷으로 물건을 사다	O	
외국 친구를 사귀다		O
치마를 입다	O	
한국에서 택시를 타다		O
한국 노래를 부르다	O	
핸드폰을 잃어버리다		O
수업 시간에 자다		O
롤러코스터를 타다		O

게임지B

경험	있다	없다
김치를 먹다	O	
제주도에 가다		O
한국말로 거짓말을 하다	O	
한국 영화를 보다	O	
인터넷으로 물건을 사다	O	
외국 친구를 사귀다	O	
치마를 입다	O	
한국에서 택시를 타다	O	
한국 노래를 부르다		O
핸드폰을 잃어버리다		O
수업 시간에 자다	O	
롤러코스터를 타다		O

경험	있다	없다
김치를 먹다	O	
제주도에 가다		O
한국말로 거짓말을 하다		O
한국 영화를 보다		O
인터넷으로 물건을 사다		O
외국 친구를 사귀다	O	
치마를 입다		O
한국에서 택시를 타다		O
한국 노래를 부르다		O
핸드폰을 잃어버리다	O	
수업 시간에 자다		O
롤러코스터를 타다		O

경험	있다	없다
김치를 먹다		O
제주도에 가다	O	
한국말로 거짓말을 하다		O
한국 영화를 보다	O	
인터넷으로 물건을 사다		O
외국 친구를 사귀다		O
치마를 입다	O	
한국에서 택시를 타다		O
한국 노래를 부르다		O
핸드폰을 잃어버리다	O	
수업 시간에 자다		O
롤러코스터를 타다		O

경험	있다	없다
김치를 먹다	O	
제주도에 가다	O	
한국말로 거짓말을 하다	O	
한국 영화를 보다		O
인터넷으로 물건을 사다	O	
외국 친구를 사귀다	O	
치마를 입다	O	
한국에서 택시를 타다		O
한국 노래를 부르다	O	
핸드폰을 잃어버리다		O
수업 시간에 자다	O	
롤러코스터를 타다		O

075 일어난 후에?

게임 목적 행동을 순서대로 말하기
게임 유형 기억력
인원 구성 팀 (팀당 6명)
목표 문형 V-(으)ㄴ 후에
준 비 물 게임지A

게임 준비

❶ 두 팀으로 나눈다.
❷ 게임지A를 확대 복사하여 카드 모양으로 자른 후 그림이 보이도록 펼쳐 놓는다.

게임 방법

❶ 먼저 한 팀이 나와 A카드를 각각 1장씩 고른 후 일렬로 선다.
(이때 카드를 뒤집어서 들고 서 있는다)
❷ 교사가 신호를 보내면 상대 팀에게 5초 동안 카드를 보여준 후 다시 뒤집는다.
❸ 상대 팀은 한 사람씩 돌아가면서 목표 문형을 사용하여 순서대로 말한다.
❹ A카드를 다시 뒤집어서 상대팀이 맞힌 그림이 몇 개인지 확인한다.
❺ 팀을 바꾸어 ❶~❹를 반복한다.
❻ 더 많이 알아맞힌 팀이 이긴다.

TIP

❶ 학생들의 수준에 따라 카드의 개수를 늘려서 사용해도 된다.
❷ 첫 번째 사람만 목표 문형을 사용하지 않으며, 나머지 사람들은 목표 문형을 사용해서 앞뒤 카드의 내용을 연결하여 말해야 한다.
❸ 게임의 난이도를 높이기 위해서 상대팀에게 카드를 보여준 후 교사가 임의로 학생들의 순서를 바꿀 수도 있다.

예시

가: 세수해요.
나: 세수한 후에 밥을 먹어요.
다: 밥을 먹은 후에 옷을 입어요.

게임지A

076 몸으로 말해 줘!

게임 목적	추측해서 말하기
게임 유형	제스처
인원 구성	팀 (팀당 6명)
목표 문형	A/V-(으)ㄴ/는 것 같다
준 비 물	게임지A, 게임지B, 책상, 양면테이프

게임 준비

❶ 두 팀으로 나눈다.

❷ 게임지A, B를 복사하여 카드 모양으로 자른다.

❸ 카드를 뒤집어서 책상 위에 펼쳐 놓는다.

❹ 카드 뒷면에 양면테이프를 붙인다.

게임 방법

❶ 먼저 첫 번째 팀부터 책상 쪽을 보고 한 줄로 선다.

❷ 시작 신호와 함께 첫 번째 사람이 책상으로 뛰어가 카드 중 하나를 이마에 붙인다. (이때 손을 사용하면 안 된다)

❸ 첫 번째 사람의 이마에 붙은 카드를 보고 두 번째 사람은 해당 단어를 행동으로 보여 준다.

❹ 첫 번째 사람은 목표 문형을 사용하여 카드의 내용을 알아맞힌다.

❺ 답이 맞으면 첫 번째 사람은 자기 팀으로 돌아가 맨 뒤에 선다.

❻ 다음 순서의 사람이 나와 ❷~❺를 반복해 진행한다.

❼ 3분의 제한 시간이 끝나면 알아맞힌 카드의 숫자만큼 점수를 준다.

❽ 상대팀도 ❷~❼을 반복한다.

❾ 두 팀 중 더 많은 점수를 얻은 팀이 이긴다.

TIP

❶ 이마에 카드를 붙이는 사람은 자기 카드를 절대로 봐서는 안 된다.

❷ 학생들의 수준이나 상황에 따라 카드의 수를 늘리거나 줄여도 좋다.

❸ 학생들의 수준에 따라 정해진 시간을 조정할 수 있다.

게임지A

머리가 아프다
울다
피곤하다
배가 고프다
바쁘다
무섭다
힘들다
라면이 맛있다
친구를 기다리다
애인을 생각하다
한가하다
꿈을 꾸다
TV가 재미있다
화장실에 가고 싶다
화가 났다

게임지B

외롭다
행복하다
요리하다
술을 많이 마셨다
돈이 없다
편지를 쓰다
TEST
시험을 보다
공부가 어렵다
날씨가 덥다
옷이 작다
배가 부르다
비가 오다
길이 미끄럽다
자전거를 타다
축구하다

077 말해! 말해! 몸으로 말해!

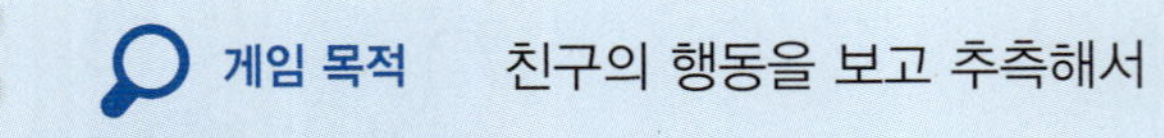

게임 목적	친구의 행동을 보고 추측해서 말하기
게임 유형	제스처
인원 구성	팀 (팀당 6명)
목표 문형	A/V-(으)ㄴ/는 모양이다
준 비 물	게임지A, 빈 상자

게임 준비

❶ 두 팀으로 나눈다.
❷ 게임지A를 복사하여 카드 모양으로 자른다.
❸ 자른 카드를 접어서 빈 상자에 넣는다.

게임 방법

❶ 각 팀별로 팀장을 1명씩 선출한다.
❷ 팀장은 앞으로 나와 빈 상자에서 카드를 뽑는다.
❸ 카드의 내용을 제스처로 보여 준다. (이때 말을 하면 안 된다)
❹ 팀원들은 팀장을 보고 팀장의 상태나 행동을 추측해 말한다.
❺ 3분의 제한 시간이 끝나면 상대 팀 팀장이 나와 ❷~❹의 순서를 반복한다.
❻ 많이 알아맞힌 팀이 이긴다.

TIP

❶ 팀장은 카드를 팀원들에게 보여 주거나 말을 해서는 안 된다.
❷ 학생들의 수준이나 상황에 따라 팀당 제한 시간을 조정해도 된다.

머리가 아프다	울다
피곤하다	배가 고프다
바쁘다	라면이 맛있다
친구를 기다리다	꿈을 꾸다
자다	선생님을 좋아하다
영화가 무섭다	날씨가 춥다
다이어트를 하다	숙제가 어렵다
김치가 맵다	길을 모르다
돈을 잃어버렸다	기분이 좋다

078 청팀 이겨라! 백팀 이겨라!

 게임 목적 어느 쪽에 속하는지 말하기

 게임 유형 팀 대결

 인원 구성 팀 (팀당 6명)

 목표 문형 A/V-(으)ㄴ/는 편이다

 준 비 물 게임지A, 스티커, 책상, 의자, 제기 등

게임 준비

❶ 두 팀으로 나눈다.
❷ 게임별로 필요한 물건들을 준비한다.
❸ 게임지A를 확대 복사하여 칠판에 붙인다.
❹ 게임은 팔씨름, 닭싸움, 제기차기, 한국노래자랑 등으로 구성한다.

게임 방법

❶ 각 팀별로 게임 참가 인원의 순서를 정한다.
❷ 먼저 팔씨름 게임을 진행한다.
❸ 각 팀의 첫 번째 사람부터 나와 팔씨름을 한다.
❹ 팔씨름 게임이 끝난 후 각 팀별로 점수판에 승자의 수만큼 스티커를 붙인다.
❺ 닭싸움, 제기차기, 한국노래자랑 역시 같은 방법으로 진행한다.
❻ 모든 게임이 끝나면 각 게임별로 스티커의 숫자를 확인한다.
❼ 결과를 발표할 때에는 모두 함께 목표 문형을 사용하여 크게 외친다.
(예) 청팀이 팔 힘이 센 편이다, 백팀이 닭싸움을 잘하는 편이다 등
❽ 많은 경기를 이긴 팀이 최종 승리한다.

TIP

❶ 시간의 여유가 있을 경우, 게임의 숫자를 늘려도 좋다.
❷ 빈칸에는 학생들이 원하는 게임을 추가한다.
❸ 스티커는 눈에 잘 띄는 크고 화려한 것이 좋다.
❹ 결과 발표 시 각 팀별로 나와서 자기 팀이 무엇을 잘하는지 목표 문형을 사용해서 발표하는 것도 좋은 방법이다.

체육대회 점수판

게임	청팀	백팀
팔씨름		
닭싸움		
제기차기		
한국 노래자랑		
결과		

079 행복한가 봐~

- 게임 목적: 추측해서 말하기
- 게임 유형: 카드 매칭
- 인원 구성: 소그룹 (그룹당 4명)
- 목표 문형: A-(으)ㄴ가 보다, V-나 보다
- 준 비 물: 게임지A, 게임지B

게임 준비

❶ 4명이 한 그룹이 된다.
❷ 게임지A와 게임지B를 그룹 수만큼 복사하여 카드 모양으로 자른다.
❸ 각 그룹에 A카드와 B카드를 각각 한 세트씩 나누어 준다.

게임 방법

❶ 게임 순서를 정한다.
❷ A카드와 B카드를 잘 섞은 후 뒤집어서 펼쳐 놓는다.
❸ 첫 번째 사람이 먼저 1장의 카드를 뒤집은 후 목표 문형을 사용하여 말한다.
❹ 다른 1장을 또 뒤집는다.
❺ 두 카드가 매치가 될 경우 해당 카드 2장을 자기 앞으로 가져간다.
❻ 문장을 잘못 말하거나 짝이 맞지 않을 경우에는 다시 원래대로 뒤집어 놓는다.
❼ 돌아가면서 ❸~❻을 반복해서 진행한다.
❽ 모든 카드의 짝을 찾으면 게임이 끝난다.
❾ 가장 많은 카드를 가져간 사람이 이긴다.

TIP

❶ 카드를 뒤집은 후 카드 속 그림이나 단어를 보고 목표 문형을 사용하여 말하도록 사전에 알려 준다.
❷ 학생들의 수준이나 상황에 따라 소그룹 인원을 조정해도 된다.

NO!!
TEST

게임지B

행복하다	슬프다	덥다
배고프다	바쁘다	무섭다
다이어트하다	비가 오다	바람이 불다
시험을 보다	친구를 기다리다	꿈을 꾸다

080 누가 거짓말을 하고 있을까?

- **게임 목적** 충분한 가치의 정도 말하기
- **게임 유형** 거짓말
- **인원 구성** 팀 (팀당 6명)
- **목표 문형** V-(으)ㄹ 만하다
- **준 비 물** 여러 가지 음료수, 식초, 사탕, 맛소금, 종이컵, 젓가락 등

게임 준비

❶ 두 팀으로 나눈다.
❷ 인원수만큼 음료수를 준비한 후 그중 몇 잔에 식초를 넣는다.
❸ 인원수만큼 사탕을 준비한 후 그중 몇 개에 소금을 묻힌다.

게임 방법

❶ 먼저 한 팀이 나와서 준비된 음료수 앞에 선다.
❷ 게임 시작 신호와 함께 한 사람씩 앞에 있는 음료수를 마신다.
❸ 음료수를 마신 사람은 엄지손가락을 치켜들며 '정말 마실 만해'라고 크게 말한다.
❹ 식초가 들어간 음료수를 마신 사람 역시 '정말 마실 만해'를 외친다.
이때 자신이 식초를 마셨다는 것을 들키지 않도록 해야 한다.
❺ 상대 팀은 음료수를 마신 사람 중 누가 거짓말을 하는지 알아맞혀야 한다.
❻ 다음으로 상대 팀이 준비된 사탕 앞에 선다.
❼ ❷~❺를 동일하게 진행한다. 이때에는 '정말 먹을 만해'라고 크게 말한다.
❽ 두 팀 중 거짓말을 한 사람을 더 많이 알아맞힌 팀이 이긴다.

TIP

❶ 게임을 준비할 때 어느 음료수나 사탕에 식초나 소금이 있는지 알 수 없도록 보안을 철저히 유지한다.
❷ 이 게임에서는 표정 관리가 가장 중요함을 사전에 알려 준다.
❸ 식초 대신 까나리액젓을 준비하거나 사탕 대신 와사비 김밥을 준비해도 좋다.
❹ 게임에 진 팀은 벌칙으로 남은 음료수나 사탕을 다 먹도록 하는 것도 재미있을 것이다.

081 좋아 + 좋아

- **게임 목적** 두 가지 좋은 점 말하기
- **게임 유형** 카드 털기
- **인원 구성** 소그룹 (그룹당 4명)
- **목표 문형** A/V-(으)ㄹ 뿐만 아니라 A/V
- **준 비 물** 게임지A, 게임지B

게임 준비

❶ 4명이 한 그룹이 된다.
❷ 게임지A와 게임지B를 그룹 수만큼 복사하여 카드 모양으로 자른다.
❸ 각 그룹에 A카드와 B카드를 각각 한 세트씩 나누어 준다.

게임 방법

❶ 게임 순서를 정한다.
❷ A카드를 잘 섞은 후 중앙에 뒤집어서 쌓아 놓는다.
❸ B카드를 뒤집어서 섞은 후 한 사람당 4장씩 나누어 준다.
❹ 첫 번째 사람이 중앙에 있는 카드를 1장 뒤집어 그림이 보이도록 내려놓는다.
❺ 그림의 장점을 나타내는 카드를 2장 가지고 있을 경우, 1장씩 내려놓으면서 목표 문형을 사용하여 말한다.
❻ 해당 카드가 없을 경우 다음 사람이 들고 있는 카드 중 1장을 가져온다.
(이때 카드의 그림을 보지 않고 무작위로 선택해야 한다)
❼ 돌아가면서 ❹~❻을 반복하여 진행한다.
❽ 가장 먼저 자기 손에 들고 있는 카드를 모두 터는 사람이 승자가 된다.

❶ 카드를 한 장씩 내려놓으면서 반드시 목표 문형을 사용하여 말하도록 사전에 안내한다.
❷ 펼쳐 놓은 A카드를 가져갔을 경우, 다음 사람이 중앙에 있는 카드를 1장 또 뒤집어야 한다.
❸ 학생들의 수준이나 상황에 따라 소그룹 인원이나 카드의 개수를 조정해도 된다.

인천공항
지하철
우리 선생님
RESTAURANT
식당
봄
가수
동대문 시장
I.Q.
빌게이츠

게임지B

넓다	깨끗하다
편리하다	빠르다
예쁘다	친절하다
가깝다	음식이 맛있다
따뜻하다	날씨가 좋다
멋있다	노래를 잘하다
옷이 많다	싸다
똑똑하다	돈이 많다

082 걱정도 팔자!

게임 목적	걱정해서 하거나 하지 못하는 일 말하기
게임 유형	카드 모으기
인원 구성	소그룹 (그룹당 4명)
목표 문형	A/V-(으)ㄹ까 봐
준 비 물	게임지A, 게임지B

게임 준비

❶ 4명이 한 그룹이 된다
❷ 게임지A, B를 그룹 수만큼 복사한 후 카드 모양으로 자른다.
❸ 각 그룹에 A, B카드를 한 세트씩 나누어 준다.

게임 방법

❶ A카드를 책상 중앙에 뒤집어 쌓아 놓는다.
❷ B카드는 학생들에게 각각 4장씩 나누어 준다.
❸ 게임의 순서를 정한다.
❹ 첫 번째 사람이 A카드를 1장 뒤집은 후 어울리는 B카드가 있으면 목표 문형을 말하고 A카드를 가져 온다.
❺ A카드와 어울리는 B카드가 없는 경우에는 다음 사람에게 기회가 넘어간다.
❻ 이미 펼쳐진 A카드와 어울리는 B카드가 있는 경우에는 목표 문형을 말한 후 A카드를 가져 오고, 다시 A카드를 뒤집고 B카드를 낼 수 있다.
❼ A카드가 없어질 때까지 ❹~❻번의 방식으로 게임을 진행한다.
❽ 카드를 가장 많이 가진 사람이 이긴다.

예시

[A카드: ] / 'B카드: 살이 찌다]

"살이 찔까 봐 운동을 해요."

[A카드: ] / [B카드: 담배를 피우다]

"담배를 피울까 봐 사탕을 먹어요."

게임지A

게임지B

시끄럽다	담배를 피우다	재미없다	울다
살이 찌다	춥다	귀신이 나오다	배가 고프다
외롭다	시험이 어렵다	시험을 못 보다	헤어지다
죽다	맛없다	싸우다	잠을 못 자다

083 사탕아, 어딨니?

게임 목적	추측 표현 묻고 답하기
게임 유형	물건 찾기
인원 구성	전체
목표 문형	A/V-(으)ㄹ까요?, A/V-(으)ㄹ 거예요
준 비 물	종이컵 3개, 사탕 1봉지, 책상

게임 준비

❶ 전체를 대상으로 한다.
❷ 책상에 종이컵 3개를 뒤집어 놓는다.
❸ 종이컵 안에 숨길 사탕 한 개를 준비한다.

게임 방법

❶ 손동작이 빠른 진행자 1명을 뽑는다.
❷ 진행자는 종이컵 3개 중 하나에 사탕을 넣는다.
❸ 다른 사람들이 지켜보는 가운데 종이컵의 위치를 무작위로 바꾼다.
❹ 진행자는 학생들에게 '사탕이 어디에 있을까요?'라고 질문한다.
❺ 학생들은 사탕이 있을 거라고 생각되는 종이컵을 가리키며 '여기에 있을 거예요'라고 대답한다.
❻ 진행자는 종이컵을 하나씩 들어 사탕이 어디에 있는지 보여 준다.
❼ 사탕이 있는 종이컵을 알아맞힌 학생들에게는 상품으로 사탕을 한 개씩 나누어 준다.

TIP

❶ 게임을 시작하기 전에 교사가 종이컵의 위치를 바꾸는 방법을 시범으로 보여준다.
❷ 학생들이 모두 정답을 알아맞혔을 경우에는 진행자에게 노래 등의 벌칙을 주는 것도 재미있다.
❸ 진행자를 바꾸어 가며 게임을 여러 번 반복해 보는 것도 좋다.

084 할래? 안 할래?

게임 목적	상대방의 의향이나 의지 묻고 대답하기
게임 유형	뽕망치
인원 구성	팀 (팀당 6명)
목표 문형	V-(으)ㄹ래요?, V-(으)ㄹ래요
준 비 물	뽕망치 2개

게임 준비

❶ 두 팀으로 나눈다.
❷ 게임지A를 복사하여 카드 모양으로 자른다.
❸ A카드를 두 팀 모두에게 각각 1장씩 나누어 준다.

게임 방법

❶ 게임 순서를 정한다.
❷ 각 팀의 첫 번째 사람들이 나와 뽕망치를 들고 마주 선다.
❸ 한 사람이 먼저 A카드에 적힌 내용을 보고 목표 문형을 사용하여 상대방에게 질문한다.
❹ 질문을 받은 사람이 '네, -(으)ㄹ래요.'로 대답할 경우 대답대로 행동해야 한다.
만약 '아니요, 안 -(으)ㄹ래요.'로 대답하거나 대답대로 행동하지 않을 경우 뽕망치를 맞는다.
❺ 다음에는 상대방이 ❸~❹를 반복해서 진행한다.
❻ 한 사람만 뽕망치를 때렸을 경우 그 사람이 승자가 된다.
❼ 돌아가면서 ❷~❻을 반복해서 진행한다.
❽ 승자가 많은 팀이 이긴다.

TIP

❶ 게임의 난이도를 높이기 위해 빈 쪽지에 직접 문장을 쓰거나 바로 말하도록 해도 된다.
❷ 질문과 대답을 할 때에는 반드시 목표 문형을 사용하도록 게임 시작 전에 안내한다.
❸ 게임 참가자들 중에서 가장 잘하는 2명을 뽑아 왕중왕 선발전을 해 보는 것도 재미있을 것이다.

예시

가: 지금 싸이 춤을 **출래요**?
나: 네, **출래요**. (그리고 춤을 춘다)
아니요, 안 출래요. (뽕망치를 맞는다)

나를 업어 주다	나한테 초콜릿을 사 주다
옆 교실에 가서 노래하다	강남스타일 춤을 추다
엉덩이로 이름을 쓰다	고향 노래를 불러 주다
내 소원을 들어 주다	오늘 같이 점심을 먹다
같이 영화 보러 가다	나하고 커피를 마시다
집까지 걸어가다	10만원만 빌려 주다

085 누구라고 말할 수는 없어요!

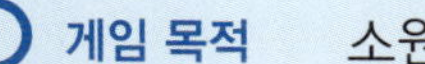

게임 목적	소원 말하기
 게임 유형	마니또
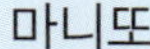  인원 구성	전체
  목표 문형	A/V-(으)면 좋겠다
 준 비 물	게임지A, 빈 상자

게임 준비

❶ 전체를 대상으로 한다.

❷ 게임지A를 인원수만큼 복사하여 모두에게 나누어 준다.

게임 방법

❶ 게임지A에 친구들에게 바라는 소원을 목표 문형을 사용하여 적는다.

❷ 내용이 보이지 않게 접어 빈 상자에 넣는다.

❸ 모든 사람은 빈 상자에서 종이를 한 개씩 뽑는다. (이때 자신이 쓴 종이가 나오면 다시 통 속에 넣는다)

❹ 마니또 친구가 결정되면 일주일 동안 그 친구의 소원을 들어 주기 위해 노력한다. 이때 마니또 친구가 눈치 채지 못하도록 한다.

❺ 일주일 후 다 같이 모인 자리에서 누가 자신의 마니또 친구인지를 추측해 본다.

❻ 마니또 친구를 찾지 못한 사람은 미리 정해 놓은 벌칙을 받는다.

TIP

❶ 소원을 쓸 때는 친구들이 들어줄 수 있는 소원을 적어야 함을 미리 안내한다.

❷ 소원을 게임지A에 쓰는 대신 직접 발표해도 된다.

❸ 마니또 친구를 찾지 못한 사람에게는 '마니또 친구 업고 한 바퀴 돌기' 등의 벌칙을 미리 정해 놓으면 재미있을 것이다.

❹ 〈마니또 친구〉 노래를 가르쳐 주고 마니또 친구를 찾을 때 함께 불러도 좋다.

마니또 친구 노래

나는 내 마니또 좋아하지요! 나는 내 마니또 좋아하지요! 나는 내 마니또 좋아하지요!
누구라고 말할 수는 없어요. 그대에게 눈길을 돌릴 때 내 마음은 흐뭇하고 즐거워.
언젠가 그대 이름 밝히리. 지금은 누구라고 말할 수 없어~~~
나는 내 마니또 좋아하지요! 나는 내 마니또 좋아하지요! 나는 내 마니또 좋아하지요!
누구라고 말할 수는 없어요!

게임지A

나의 소원

이름: ____________________

1. 마니또 친구가 ____________________ (으)면 좋겠다.
2. 마니또 친구가 ____________________ (으)면 좋겠다.
3. 마니또 친구가 ____________________ (으)면 좋겠다.
4. 마니또 친구가 ____________________ (으)면 좋겠다.
5. 마니또 친구가 ____________________ (으)면 좋겠다.
6. 마니또 친구가 ____________________ (으)면 좋겠다.
7. 마니또 친구가 ____________________ (으)면 좋겠다.

086 몸으로 말해 줘!

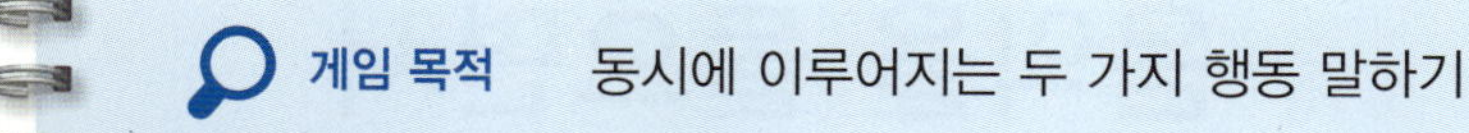

게임 목적	동시에 이루어지는 두 가지 행동 말하기
게임 유형	제스처
인원 구성	팀 (팀당 6명)
목표 문형	V-(으)면서 V
준 비 물	빈 상자

게임 준비

❶ 두 팀으로 나눈다.
❷ 게임지A를 복사한 후 카드 모양으로 잘라 빈 상자에 넣는다.

게임 방법

❶ 게임 순서를 정한다.
❷ 먼저 첫 번째 팀에서 첫 번째 사람이 나와 빈 상자에서 카드를 1장 뽑는다.
❸ 자기 팀 앞에서 카드에 적혀 있는 두 가지 행동을 동시에 보여 준다.
❹ 팀원들은 목표 문형을 사용해서 동시에 이루어지는 2가지 행동을 크게 말한다.
❺ 답이 맞았을 경우 다음 사람이 나와서 ❷~❹을 반복한다.
❻ 상대 팀 역시 동일한 방법으로 ❷~❺를 반복하여 진행한다.
❼ 3분이라는 제한 시간 동안 더 많이 알아맞힌 팀이 이긴다.

TIP

❶ 앞에서 행동을 보여 주는 사람은 절대로 말을 해서는 안 된다.
❷ 학생들의 실력에 따라 제한 시간을 조정해도 된다.

게임지A

밥을 먹으면서 졸아요	음악을 들으면서 걸어요
박수를 치면서 웃어요	샤워하면서 노래해요
뛰면서 인사해요	영화를 보면서 울어요
운전하면서 윙크를 해요	책을 읽으면서 커피를 마셔요
운동하면서 거울을 봐요	자면서 꿈을 꿔요
전화하면서 청소해요	춤을 추면서 요리해요

087 들은 대로 말해 봐!

게임 목적	비축약형 간접화법 말하기
게임 유형	스무고개
인원 구성	팀 (팀당 6명)
목표 문형	A/V-(ㄴ/는)다고 하다, V-(으)라고 하다, N-(이)라고 하다
준 비 물	게임지A

게임 준비

❶ 두 팀으로 나눈다.

❷ 게임지A는 교사만 본다.

게임 방법

❶ 각 팀별로 순서를 정한다.

❷ 각 팀의 첫 번째 사람이 교실 앞으로 나온다.

❸ 교사는 두 사람에게 각각 스무고개(가)와 (나)의 첫 번째 힌트를 조용히 알려 준다.

❹ 첫 번째 사람은 돌아가서 팀원들에게 자기가 들은 내용을 간접화법을 사용하여 전달한다.

❺ 다음 사람이 나와 ❸~❹를 반복한다.

❻ 각 팀은 힌트를 모두 모아 스무고개의 정답을 알아맞힌다.

❼ 답을 빨리 알아맞히는 팀이 이긴다.

❶ 교사는 다른 참가자들이 듣지 못하도록 앞에 나온 참가자에게 조용히 힌트를 이야기해 줘야 한다.

❷ 참가자들이 어려워할 경우 스마트폰이나 컴퓨터를 사용하여 검색할 수 있는 기회를 주는 것도 좋다.

❸ 6번 힌트까지 알려 줬는데도 못 맞혔을 경우 첫 번째 사람에게 7번째 힌트를 준다.

예시

(교사가 첫 번째 사람에게) 서울에 있는 장소예요.

(첫 번째 사람이 팀원에게) 서울에 있는 장소라고 해요.

게임지A

가 스무고개 문제

❶ 서울에 있는 장소예요.

❷ 애인하고 같이 가세요.

❸ 지하철 4호선을 타요.

❹ 마로니에 공원이 유명해요.

❺ 연극을 많이 해요.

❻ 무료 공연을 볼 수 있어요.

❼ 대학생들이 많아요.

정답: 대학로

나 스무고개 문제

❶ 음식이에요.

❷ 섬에 살아요.

❸ 비행기를 타고 가세요.

❹ 도장이 찍혀 있어요.

❺ 많이 먹으면 뚱뚱해져요.

❻ 옛날에 화장실에서 살았어요.

❼ 까맣고 뚱뚱해요.

정답: 제주도 흑돼지

088 소곤소곤 그려 봐!

게임 목적	축약형 간접화법 말하기
게임 유형	말 전달해서 그림 그리기
인원 구성	팀 (팀당 6명)
목표 문형	A/V-(ㄴ/는)대요
준 비 물	게임지A, 빈 종이

게임 준비

❶ 두 팀으로 나눈다.
❷ 게임지A를 확대 복사한다.
❸ 각 팀에 빈 종이를 한 장씩 나눠 준다.

게임 방법

❶ 각 팀별로 순서를 정한 후 일렬로 선다.
이때 첫 번째 사람만 교사를 향해 서 있고, 나머지 사람들은 뒤돌아 서 있는다.
❷ 교사는 각 팀의 첫 번째 사람에게 게임지A를 5초 동안 보여 준다.
❸ 첫 번째 사람은 뒤돌아서 두 번째 사람에게 자기가 본 그림에 대해 이야기해 준다.
❹ 두 번째 사람은 목표 문형을 사용하여 세 번째 사람에게 말을 전달한다.
❺ 계속해서 동일한 방법으로 마지막 사람에게까지 말을 전달한다.
❻ 마지막 사람은 빈 종이에 자신이 전달 받은 내용을 그림으로 그린다.
❼ 마지막 사람에게 말이 전달된 것을 확인하면 교사는 다시 첫 번째 사람에게 5초 동안 그림을 보여 준다.
❽ ❷~❼을 10회 반복한다.
❾ 양 팀의 그림을 게임지A와 비교하여 가장 비슷하게 그린 팀이 승리한다.

❶ 게임지A는 반드시 첫 번째 사람만 보아야 한다.
❷ 말을 전달할 때는 상대 팀이 들을 수 없도록 귓속말로 이야기해야 한다.
❸ 한 번에 전달할 말은 한 문장을 넘지 않도록 한다.
❹ 그림을 잘 그리는 학생을 마지막 순서에 배정하는 것이 유리하다.
❺ 학생들이 어려워할 경우, 마지막에는 모두에게 그림을 5초간 보여 줘도 된다.

게임지A

089 몸으로 말해요.

게임 목적	비교해서 말하기
게임 유형	스피드
인원 구성	팀 (팀당 6명)
목표 문형	N-같다
준 비 물	게임지A

게임 준비

❶ 두 팀으로 나눈다.
❷ 게임지A를 확대 복사한 후 잘라서 스케치북에 붙인다. (스케치북에 직접 써도 된다)
❸ 의자 두 개를 마주 보게 한다. 의자 사이의 거리는 여자 걸음 4폭 정도가 적당하다.
❹ 의자에 [1]과 [2]로 표시를 한다.

게임 방법

❶ 먼저 할 팀을 정한다.
❷ 이긴 팀은 앞으로 나와 1번, 2번 의자에 각각 1명씩 앉고 나머지 학생들은 2번 의자 뒤에 서 있는다. 기다리는 학생들은 스케치북을 볼 수 없다.
❸ 진 팀 학생 중 1명이 나와 2번 의자 뒤에 스케치북을 들고 서 있는다. (신호에 따라 차례대로 넘겨준다)
❹ 1번 의자에 앉아 있는 사람은 해당 명사가 나올 수 있도록 행동으로 대답을 유도한다.
❺ 2번에 앉은 사람이 목표 문형을 사용해서 답을 맞히면 그 사람은 1번 의자로 뛰어가 앉는다.
❻ 기다리고 있던 사람은 2번 의자에 앉는다.
❼ 1번 의자에 앉았던 사람은 친구들 뒤에 가서 줄을 선다.
❽ 다음 사람부터 ❹~❼을 반복하여 진행한다.
❾ 같은 방식으로 팀을 바꿔서 진행한다.
❿ 제한 시간 동안 많은 답을 맞히는 팀이 이긴다.

TIP

❶ 교사가 학생 수준에 맞추어 명사나 그림을 더 추가하여 게임을 진행해도 좋다
❷ 만약 답을 맞히지 못하는 학생이 있어 게임 진행이 늦어질 경우에는 교사가 "PASS"를 말하며 강제적으로 순서를 넘길 수 있다

예시

카드를 본 후에 설명하기: (돼지의 행동을 하면서) "꿀꿀꿀"

카드를 본 후에 설명하기: (모델처럼 포즈를 잡으면서 걷는다)

게임지A

090 넌 어디까지 알고 있니?

게임 목적	두 가지 행동 중 한 가지를 선택하기
게임 유형	카드 모으기
인원 구성	전체
목표 문형	V-거나 V, N-(이)나 N
준 비 물	게임지A, 게임지B, 차임벨

게임 준비

❶ 전체를 대상으로 한다.
❷ 게임지A는 1장 복사해서 교사가 가지고 있는다.
❸ 게임지B를 확대 복사한 후 카드 모양으로 자른다.
❹ B카드를 교실 바닥에 그림이 보이게 넓게 펼쳐 놓는다.

게임 방법

❶ 교사가 게임지A의 질문을 하면 학생들은 B카드 중 어울리는 카드 2장을 찾는다.
❷ 찾은 B카드를 가지고 차임벨을 누른 후에 종이를 보여주면서 목표 문형을 사용해 말한다.
❸ 교사는 발화가 맞으면 "합격"이라고 말하며 종이에 스티커를 붙여 준다. (합격도장을 찍어 줘도 좋다)
❹ 만약 발화가 틀리거나 정답이 아닐 경우 B카드를 다시 바닥에 펼쳐 놓는다.
❺ ❶~❹를 반복하여 진행한다.
❻ 가장 많은 카드를 가지고 있는 사람이 승자가 된다.

게임지A

	질문
1	더운 여름에 무엇을 먹어요?
2	생일날 무엇을 먹어요?
3	설날 무엇을 해요?
4	스승의 날이나 어버이날 무엇을 드려요?
5	결혼식 날 무엇을 입어요?
6	어린이날 무엇을 해요?
7	성년의 날 무엇을 해요?
8	발렌타인데이(Valentine's Day)에 무엇을 주고 받아요?
9	돈이 없을 때 어떻게 해요?
10	감기에 걸렸을 때 어떻게 해요?
11	애인하고 헤어지고 싶을 때 어떻게 해요?
12	날씬해지려면 어떻게 해요?

은 행
한국은행
만원
10000
10000

091 나를 즐겁게 하여라!

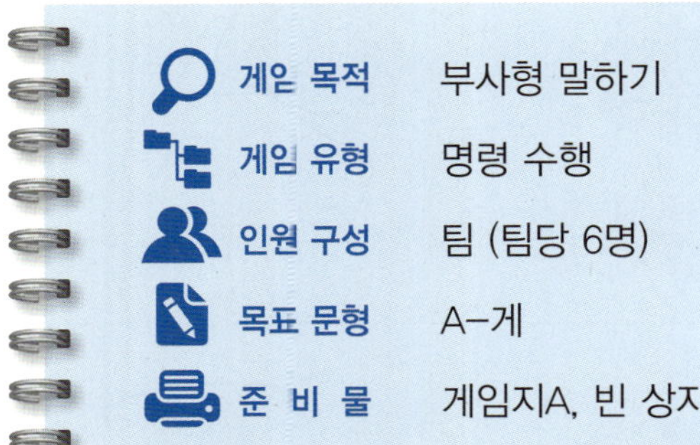

- 게임 목적: 부사형 말하기
- 게임 유형: 명령 수행
- 인원 구성: 팀 (팀당 6명)
- 목표 문형: A-게
- 준 비 물: 게임지A, 빈 상자

게임 준비

❶ 두 팀으로 나눈다.

❷ 게임지A를 복사한 후 카드 모양으로 자르고 접어서 상자에 넣는다.

❸ 왕의 수만큼 의자를 앞에 나란히 가져다 놓는다.

게임 방법

❶ 먼저 왕이 될 팀을 정한다. 진 팀은 노예가 된다.

❷ 노예가 된 팀은 나란히 서서 왕들의 명령을 기다린다.

❸ 왕이 된 팀은 돌아가면서 상자에서 A카드를 1장씩 뽑는다.

❹ 각 노예들에게 차례대로 A카드를 목표 문형으로 바꾸어 명령한다. "A-게 V-아/어라!"

❺ 노예가 한 행동이 마음에 들면 왕들은 엄지손가락을 위로 들고, 마음에 들지 않으면 엄지손가락을 아래로 내린다.

❻ 왕들의 선택에 따라 노예의 운명이 결정된다. 자유인이 될 수도 있고 감옥에 갈 수도 있다.
노예의 운명은 다수결 원칙에 따라 결정된다.

❼ 같은 방식으로 팀을 바꾸어서 다시 한다.

❽ 자유인이 된 노예가 많은 팀이 우승팀이 된다.

예시

〈왕의 명령〉

가: [크다] 크게 노래해라.

나: [아프다] 옆의 친구를 아프게 때려라.

다: [빠르다] 빠르게 말해라.

라: [이상하다] 이상하게 웃어라.

마: [섹시하다] 섹시하게 걸어라.

바: [왕이 명령하고 싶은 것]

예쁘다	슬프다	귀엽다	섹시하다
재미있다	행복하다	이상하다	시끄럽다
즐겁다	맛있다	크다	멋있다
빠르다	맛없다	느리다	작다
무섭다	즐겁다	귀엽다	재미있다
크다	〈찬스〉 <왕>이 명령하고 싶은 것	이상하다	〈찬스〉 <왕>이 명령하고 싶은 것

092 달라진 당신

 **게임 목적** 바뀐 상황 말하기

 **게임 유형** 카드 매칭

 **인원 구성** 소그룹 (그룹당 3명)

 **목표 문형** V-게 되다

 **준 비 물** 게임지A, 게임지B

게임 준비

❶ 3명이 한 그룹이 된다.
❷ 게임지A, B를 복사한 후 카드 모양으로 자른다.
❸ 각 그룹에 A, B카드를 각각 한 세트씩 나누어 준다.

게임 방법

❶ A카드를 중앙에 뒤집어 쌓아 놓는다.
❷ B카드는 뒤집어 펼쳐 놓는다.
❸ 게임의 순서를 정한다.
❹ 첫 번째 사람이 A카드를 1장 뒤집은 후 목표 문형을 사용해서 말한다.
"N-을/를 (잘하지) 못했는데 지금은 잘 V-게 되었어요."
❺ B카드를 1장 뒤집는다.
❻ 뒤집은 B카드가 자신이 말한 것과 같으면, A카드와 B카드를 가져간다.
❼ 자신이 말한 것과 다르거나 문장을 잘못 말한 경우에는 A카드는 다시 섞어 놓는다.
❽ B카드는 원래 자리에 뒤집어 놓는다.
❾ 돌아가면서 ❹~❽을 반복해 진행한다.
❿ 제한 시간 안에 가장 많은 카드를 가지고 있는 사람이 이긴다.

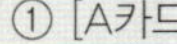

① [A카드:  / B카드: 

수영을 못했는데 지금은 수영을 잘 하게 되었어요.

② [A카드:  / B카드: 

담배를 못 피웠는데 (스트레스를 많이 받아서) 담배를 피우게 되었어요.

게임지A

게임지B

093 내 기억 속에 너

게임 목적 순서대로 말하기
게임 유형 기억력
인원 구성 팀 (팀당 4명)
목표 문형 V-고 나서
준 비 물 게임지A, 게임지B, 사진찍기 기능이 있는 핸드폰

게임 준비

❶ 세 팀으로 나눈다.
❷ 게임지A, B를 팀 수만큼 복사한 후 카드 모양으로 자른다
❸ 각 팀에 A, B카드를 한 세트씩 나누어 준다

게임 방법

❶ 팀당 1명씩 나와 다른 팀의 A카드를 무작위로 배열한다.
❷ 교사의 신호가 있기 전까지 팀원들은 A카드의 배열 순서를 볼 수 없다.
❸ B카드는 글씨가 보이지 않게 뒤집어 포개어 놓는다.
❹ 교사는 각 팀의 A카드의 배열 순서를 찍어 놓는다.
❺ 교사의 신호와 함께 각 팀원들은 20초 동안 A카드의 배열을 기억한다.
❻ 20초 후에 A카드를 뒤집어 포개어 놓는다.
❼ 교사의 신호와 함께 각 팀원들은 B카드를 A카드의 순서와 동일하게 배열한다.
❽ B카드의 배열을 끝낸 팀은 손을 들고 목표 문형을 사용해서 돌아가면서 말한다.
❾ 이때 교사는 사진 속의 A카드의 배열과 B카드의 배열, 팀원들의 발화가 맞는지 확인한다.
❿ 가장 먼저 정확하게 B카드를 배열하는 팀이 이긴다.

TIP
난이도를 낮추고 싶은 경우 게임지A, B 카드의 갯수를 줄여 게임을 진행한다.

예시

도서관에서 책을 보다	슈퍼마켓에서 야채를 사다	부모님께 전화를 하다

가: 도서관에서 책을 보고 나서 슈퍼마켓에서 야채를 샀어요.
나: 슈퍼마켓에서 야채를 사고 나서 부모님께 전화를 했어요.

게임지A

도서관에서 책을 보다	슈퍼마켓에서 야채를 사다	부모님께 전화를 하다
이를 닦다	방을 청소하다	한국 드라마를 보다
샤워를 하다	친구하고 요리를 하다	커피숍에서 커피를 사다
운동장에서 축구를 하다	교실에서 친구들하고 이야기를 하다	밥을 먹다

094 제 아이를 찾아 주세요!

게임 목적	상태 말하기
게임 유형	그림 그리기
인원 구성	팀 (팀당 4명)
목표 문형	V-고 있다 [상태]
준 비 물	게임지A, 게임지B

게임 준비

❶ 4명이 한 팀이 된다.
❷ 게임지A를 확대 복사한 후 카드 모양으로 자른다.
❸ 게임지B는 팀 수만큼 확대 복사한다.
❹ 각 팀에 게임지B를 1장씩 나누어 준다.

게임 방법

❶ A카드 6장을 1장씩 10초 동안 학생들에게 보여 준다.
❷ 교사는 실종 상황을 임의로 만들어 설명한다.
❸ 교사는 A카드 중 1장을 선택해 목표 문형을 사용해서 설명한다.
(학생 중 한 명이 나와서 그림을 선택한 후 목표 문형을 사용해서 설명해도 좋다)
❹ 각 팀원들은 교사의 설명을 듣고 게임지B 종이에 몽타주를 그린다.
❺ 제한된 시간 내에 실종된 사람의 몽타주를 정확하게 그린 팀이 이긴다.

TIP
게임지B를 2장씩 나눠 주고 같은 방식으로 2~3명의 실종자 몽타주 그리기 활동을 해도 좋다.

어제 오후 2시에 놀이공원에서 아이를 잃어버렸습니다. 얼굴이 아주 귀엽고 예쁜 아이입니다.

① 유치원 모자를 쓰고 있고
② 손에는 사탕을 들고 있습니다.
③ 유치원 가방을 메고 있습니다.
④ 예쁜 구두를 신고 있습니다.

이 아이를 보신 분은 빨리 연락 주세요.
부탁드립니다.

사람을 찾습니다.

어제 저녁 6시쯤 서울역 근처에서 사람이 실종되었습니다. 그 사람의 인상착의는 다음과 같습니다.

① 안경을 쓰고 있고 ② 예쁜 귀걸이를 하고 있습니다. ③ 손에는 가방을 들고 있고 ④ 부츠를 신고 있습니다. ⑤ 모자가 달린 코트를 입고 있습니다

위 사람을 보신 분은 서울시 경찰서 02-112-112번으로 연락을 주십시오.

박하우
ㅇㅇ 유치원
ㅇㅇ 유치원

게임지B

095 뭐 하고 있다고?

 게임 목적 행동의 진행형 말하기

 게임 유형 스피드

 인원 구성 팀 (팀당 6명)

목표 문형 V-고 있다 [진행]

준 비 물 게임지A, 게임지B

게임 준비

❶ 두 팀으로 나눈다.

❷ 게임지A, B를 확대 복사한 후 카드 모양으로 잘라서 스케치북에 붙인다. (스케치북에 직접 써도 된다)

❸ 이때 게임지A와 게임지B 카드는 섞어서 한 장씩 스케치북에 붙이거나 쓴다.

❹ 의자 두 개를 마주 보게 한다. 의자 사이의 거리는 여자걸음 4폭 정도가 적당하다.

❺ 의자에 [1]과 [2]로 표시를 한다.

게임 방법

❶ 먼저 할 팀을 정한다.

❷ 이긴 팀은 앞으로 나와 1번, 2번 의자에 각각 1명씩 앉고 나머지 학생들은 2번 의자 뒤에 서 있는다. 기다리는 학생들은 스케치북을 볼 수 없다.

❸ 진 팀 학생 중 1명이 나와 2번 의자 뒤에 스케치북을 들고 서 있는다. (신호에 따라 차례대로 넘겨준다)

❹ 1번 의자에 앉아 있는 사람은 목표 문형이 나올 수 있도록 행동으로 대답을 유도한다.

❺ 2번에 앉은 사람이 목표 문형을 사용해서 답을 맞히면 그 사람은 1번 의자로 뛰어가 앉는다.

❻ 기다리고 있던 사람은 2번 의자에 앉는다.

❼ 1번 의자에 앉았던 사람은 친구들 뒤에 가서 줄을 선다.

❽ 다음 사람부터 ❹~❼을 반복하여 진행한다.

❾ 같은 방식으로 팀을 바꿔서 진행한다.

❿ 제한 시간 동안 많은 답을 맞히는 팀이 이긴다.

TIP

❶ 교사가 학생 수준과 수에 맞추어 동사 카드나 행동 그림을 더 추가하여 게임을 진행한다.

❷ 만약 답을 맞히지 못하는 학생이 있어 게임 진행이 늦어질 경우에는 교사가 "PASS"를 말하며 강제적으로 순서를 넘길 수 있다 .

예시

[1]번 의자에 앉은 사람:  본 후 설명: (열심히 무엇인가를 먹는 행동을 한다)

[2]번 의자에 앉은 사람: 먹고 있어요.

[1]번 의자에 앉은 사람:  본 후 설명: (가수처럼 노래하는 행동을 한다)

[2]번 의자에 앉은 사람: 노래하고 있어요.

게임지A

사랑하다	음악을 듣다
노래하다	숙제하다
웃다	시험을 보다
싸우다	전화하다
생각하다	걷다
청소하다	사다
만들다	친구를 기다리다
창문을 열다	요리하다
뽀뽀하다	운동하다

096 널 위해서 할 거야!

게임 목적	목적을 이루기 위해 행동하기
게임 유형	카드 털기
인원 구성	소그룹 (그룹당 4명)
목표 문형	V-기 위해서
준 비 물	게임지A, 게임지B

게임 준비

❶ 4명이 한 그룹이 된다.
❷ 게임지A, B를 확대 복사한 후 카드 모양으로 자른다.
❸ 각 그룹에 A, B카드를 한 세트씩 나누어 준다.

게임 방법

❶ A카드는 중앙에 그림이 보이지 않게 뒤집어 쌓아 놓는다.
❷ B카드를 학생들에게 각각 5장씩 나누어 준다.
❸ 순서를 정한 후 첫 번째 사람이 A카드를 1장 뒤집는다.
❹ A카드와 어울리는 B카드를 가지고 있을 경우, 목표 문형을 사용해서 말하며 B카드를 1장 낸다.
❺ 어울리는 B카드가 없을 경우 A카드는 다시 섞어 놓는다.
❻ 돌아가면서 ❸~❺를 반복한다.
❼ 가장 빨리 B카드를 터는 사람이 이긴다.
만약 B카드보다 A카드가 먼저 없어진다면 가장 B카드를 적게 가진 사람이 이긴다.

TIP
"V-기 위해서 N-이/가 필요해요"를 설명한 후 게임을 진행한다.

예시

A카드: (뒤집은 A카드 )

(B카드 를 내면서) 운동하기 위해서 신발이 필요해요.

A카드: (뒤집은 A카드 )

(B카드 를 내면서) 청혼(결혼)하기 위해서 꽃과 반지가 필요해요.

MUSIC
START
TICKET
PASSPORT
TICKET
ㄱ ㄴ
ㄷ ㄹ
OO 대학교

게임지B

운동화
연필
해드셋
사진기
꽃과 반지
비행기표
의자
여권
대한민국
REPUBLIC OF KOREA
PASSPORT
핸드폰
물뿌리개
커피잔
한국어 책
한국어
컴퓨터
마이크
수영모자
돈
한국은행
만원
10000
베개
포크와 나이프
예쁜 옷과 신발
열심히 공부

097 기억을 거슬러

- **게임 목적** 행동의 전후를 말하기
- **게임 유형** 기억력
- **인원 구성** 팀 (팀당 4명)
- **목표 문형** V-기 전에
- **준 비 물** 게임지A, 차임벨

게임 준비

❶ 4명이 한 팀이 된다.
❷ 게임지A를 교사용과 팀 수만큼 복사한 후에 카드 모양으로 자른다.
❸ 교사가 A카드를 한 세트 가진다.
❹ 각 팀에 A카드를 한 세트씩 나누어 준다.

게임 방법

❶ 교사가 A카드를 무작위로 배열한다.
❷ 각 팀에서 2명씩 나와 10초 동안 A카드의 배열 순서를 외운 후 돌아간다.
❸ 교사가 맨 마지막 A카드의 행동을 말한다.
❹ 카드를 본 학생들은 팀원들에게 목표 문형을 사용하여 A카드의 순서를 말한다.
❺ 나머지 팀원들은 친구의 말을 듣고 A카드를 배열한다.
❻ 각 팀에서 카드를 보지 않는 2명이 나와 교사의 A카드를 다시 본다.
❼ 팀원들은 팀으로 돌아가 배열을 완성한다.
❽ A카드의 배열을 끝낸 팀은 재빨리 차임벨을 누른 후 돌아가면서 목표 문형을 사용하여 말한다.
❾ 이때 교사는 A카드의 배열과 팀원들의 발화가 맞는지 확인한다.
❿ 가장 먼저 정확하게 A카드를 배열하는 팀이 이긴다.

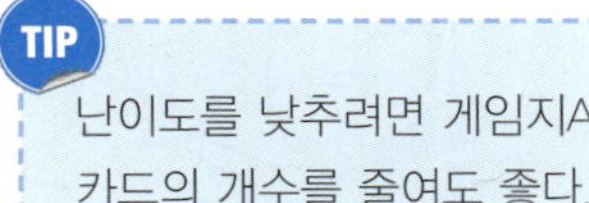
TIP
난이도를 낮추려면 게임지A 카드의 개수를 줄여도 좋다.

예시

교사: 밥을 먹었어요.
가: 밥을 먹기 전에 친구를 만났어요.
나: 친구를 만나기 전에 친구를 기다렸어요.
가: 친구를 기다리기 전에 비행기표를 샀어요.

게임지A

98 나는 결심왕!

게임 목적	결심 말하기
게임 유형	뿅망치
인원 구성	팀 (팀당 6명)
목표 문형	V-기로 하다
준 비 물	게임지A, 빈 상자, 뿅망치 2개

게임 준비

❶ 두 팀으로 나눈다.
❷ 게임지A를 복사한 후 카드 모양으로 자른다.
❸ A카드를 접어 빈 상자에 넣는다.
❹ 두 줄로 마주보고 선다.
❺ 각 팀에 뿅망치를 한 개씩 나누어 준다

게임 방법

❶ 먼저 시작할 사람을 정한 후 상자에서 A카드를 1장 뽑는다.
❷ A카드의 상황에 맞는 '결심'을 목표 문형을 사용해서 앞 사람에게 말한다.
❸ 둘 중 한 명이 말하지 못 할 때까지 번갈아 가며 결심을 말한다.
❹ 결심을 말하지 못하는 사람이 지게 되며 뿅망치를 맞게 된다.
❺ 다음 사람부터 ❶~❹를 반복한다.
❻ 이긴 사람이 많은 팀이 우승팀이 된다.

예시

가: 열심히 공부하기로 했어요.
나: 매일 숙제하기로 했어요.
가: 단어를 찾기로 했어요.
나: ----

게임지A

99 그게 아니라니까

게임 목적	다시 말하기
게임 유형	도전 골든벨
인원 구성	전체
목표 문형	V–는 게 아니라, N–(이)가 아니라
준 비 물	게임지A, 빈 종이 (학생수×10장)

게임 준비

❶ 전체를 대상으로 한다.

❷ 게임지A를 1장 복사한다.

❸ '도전 골든벨'처럼 교실 가운데 학생들이 앉을 수 있게 자리를 만든다.

❹ 학생들에게 각각 빈 종이 10장과 필기도구를 나눠 준다.

게임 방법

❶ 칠판에 오늘 사용해야 할 목표 문형을 적는다.

❷ 교사가 게임지A의 문제를 순서대로 한 개씩 읽는다.

❸ 학생들은 목표 문형을 사용해서 답을 쓰고 높이 들어 올린다.

❹ 정답을 맞히는 학생은 계속 문제를 풀 수 있다.

❺ ❷~❸을 반복한다.

❻ 마지막까지 남아 있는 한 사람이 최종 우승자가 된다.

TIP

학생수준에 따라서 게임지A의 질문을 선택해서 진행한다.

예시

교사: 생일날 아침에는 북엇국을 먹는다. 정답을 쓰세요.

가: '생일날 아침에는 북엇국을 먹는 게 아니라 떡국을 먹는다', '북엇국이 아니라 떡국' ⇨ ×

나: '생일날 아침에는 북엇국을 먹는 게 아니라 미역국을 먹는다' ⇨ ○

다: '북엇국이 아니라 미역국' ⇨ ○

게임지A

	질문	정답
1	생일 아침에 북엇국을 먹는다	미역국
2	설날에 어른들께 꼭 세뱃돈을 드린다	세뱃돈을 받다
3	한국에서는 더울 때 자장면을 먹는다	삼계탕을 먹다
4	청와대에 소녀시대가 산다	대통령이 산다
5	한글날은 10월 10일이다	10월 9일
6	만 원짜리 지폐에는 유재석 사진이 있다	세종대왕
7	'치맥'은 '치약'과 '맥주'를 말한다	치킨과 맥주
8	붕어빵에는 붕어가 있다	팥
9	엄마의 언니를 '고모'이라고 부른다	이모
10	삼계탕에 돼지고기를 넣는다	닭을 넣다
11	토마토는 과일이다	채소
12	제주도는 한국의 북쪽에 있다	남쪽에 있다
13	북한산은 북한에 있다	대한민국에 있다
14	'껌'은 먹는다	씹다
15	한강에는 다리가 2개 있다	31개 (대교27,철교4) (2개가 아니라 많이 있다 ▶○)

100 나에게 물어 봐!

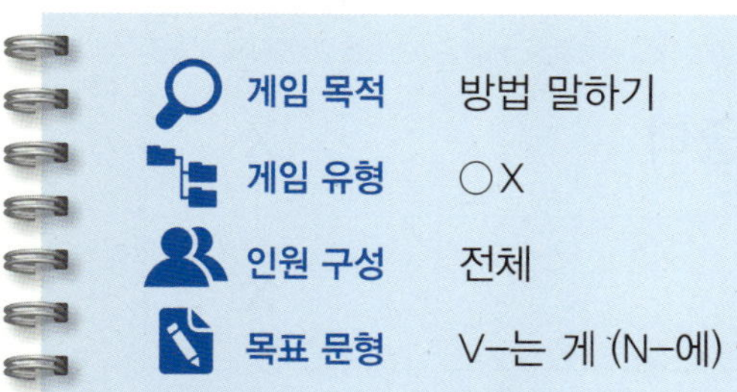

게임 목적	방법 말하기
게임 유형	OX
인원 구성	전체
목표 문형	V-는 게 (N-에) 좋다/나쁘다
준 비 물	게임지A

게임 준비

❶ 전체를 대상으로 한다.
❷ 게임지A를 1장 복사한다.
❸ 의자에 O, X가 표시된 종이를 각각 붙인다.

게임 방법

❶ 학생들을 O, X가 붙어 있는 의자 사이에 서 있게 한다.
❷ 교사가 게임지A의 질문을 1개씩 읽는다.
❸ 학생들은 맞다고 생각하면 O가 있는 의자 앞으로, 틀리다고 생각하면 X가 있는 의자 앞으로 간다.
❹ 정답을 맞힌 학생만 계속 게임에 참가할 수 있다.
❺ ❶~❹를 반복한다.
❻ 마지막에 남아 있는 한 사람이 최종 우승자가 된다.

TIP
게임지A의 질문은 발음이 정확하고 목소리가 큰 학생에게 읽게 시켜도 좋다.

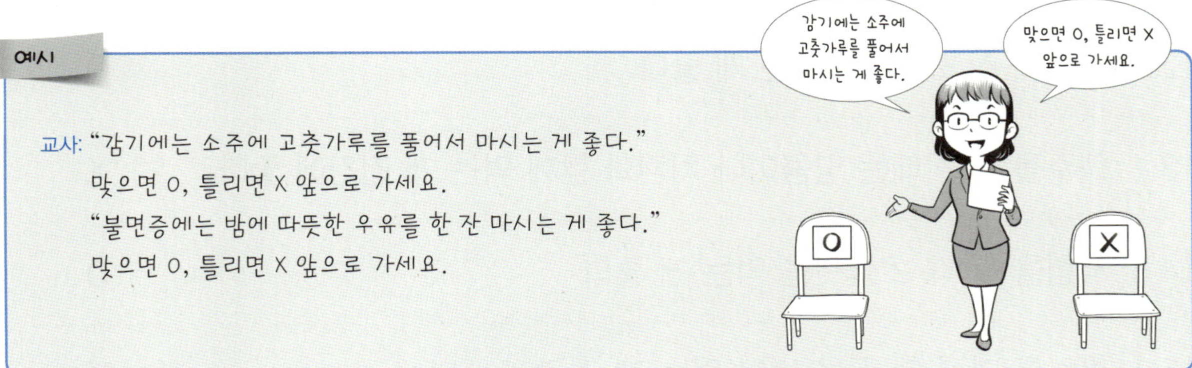

예시

교사: "감기에는 소주에 고춧가루를 풀어서 마시는 게 좋다."
맞으면 O, 틀리면 X 앞으로 가세요.
"불면증에는 밤에 따뜻한 우유를 한 잔 마시는 게 좋다."
맞으면 O, 틀리면 X 앞으로 가세요.

게임지A

	질문	정답
1	감기에는 소주에 고춧가루를 풀어서 마시는 게 좋다	X
2	불면증에 따뜻한 우유를 마시는 게 좋다	X
3	식사 중에 물을 마시는 게 건강에 나쁘다	O
4	모기에 물렸을 때는 된장을 바르는 게 좋다	X
5	토마토는 기름에 볶아 먹는 게 건강에 더 좋다	O
6	토마토를 먹을 때는 설탕과 함께 먹는 게 건강에 좋다	X
7	코피가 날 때는 고개를 젖히는 게 좋다	X
8	눈이 나쁜 사람은 블루베리를 먹는 게 좋다	O
9	변비에 고구마를 먹는 게 나쁘다	X
10	비타민C를 먹을 때 물을 많이 마시는 게 건강에 좋다	O
11	유산균이 많은 김치를 먹는 게 건강에 좋다	O
12	집에서 선크림을 바르는 게 좋다	O
13	맥주를 먹을 때는 땅콩이나 치킨과 함께 먹는 게 건강에 좋다	X
14	시험을 볼 때 초콜릿을 먹는 게 좋다	O
15	홍차를 마실 때 꿀을 넣어 먹는 게 건강에 좋다	X

101 당신이 잠든 동안에

게임 목적	앞의 행동을 하는 시간 동안 다른 행동하기
게임 유형	미션 달성
인원 구성	팀 (팀당 6명)
목표 문형	V-는 동안
준 비 물	게임지A, 게임지B, 차임벨, 게임지A에 나오는 물품

게임 준비

❶ 두 팀으로 나눈다.

❷ 2명씩 짝이 되어 동시에 미션을 수행한다.

❸ 게임지A, B를 복사한 후 카드 모양으로 자른다.

❹ A, B카드 뒷면에 양면테이프를 붙여 각기 다른 책상 위에 뒤집어 펼쳐 놓는다.

게임 방법

❶ 각 팀에서 한 쌍씩 나온다.

❷ 교사의 신호에 따라 두 쌍은 각각 A카드와 B카드를 손을 사용하지 않고 이마에 붙인다. 한 명은 A카드, 다른 한 명은 B카드를 붙인다.

❸ 서로 짝의 이마에 붙어 있는 미션을 수행한다.

❹ A카드의 미션을 수행하는 동안 B카드의 미션수행이 끝난 팀은 차임벨을 누른 후 목표 문형을 사용해 말한다. "미션 완료! 우리는 V-는 동안 V-았/었습니다."

❺ A카드의 미션 달성되면, B카드의 미션은 완수하지 못하더라도 멈춰야 한다.

❻ 다음 쌍부터 ❶~❺를 반복해 진행한다.

❼ 학생들의 발화가 맞으면 교사는 '합격 도장'을 찍어 준다.

❽ 합격 도장을 많이 받은 팀이 우승팀이 된다.

TIP

❶ 게임을 진행하기 전에 게임지A, B의 어휘를 설명하면 원활한 진행을 할 수 있다.

❷ 시간을 제한하고 게임을 진행하면 속도감 있게 게임을 진행할 수 있다.

게임지A

 코끼리 코를 하고 제자리에서 10번 돌다	 '곰 세 마리'노래 부르다	 풍선 3개를 엉덩이로 터트리다
 500L짜리 사이다병을 쉬지 않고 마시다	 눈을 감지 않다	 토끼뜀으로 교실 앞에서 뒤까지 10번 왔다 갔다 하다
 제기차기 20개 하다	 〈찬스〉 친구들이 미션을 수행하는 것을 5분 동안 구경하다	 한 발로 제자리에서 20번 높게 뛰다
 윗몸 일으키기를 20번 하다	 〈찬스〉 상대팀의 행동 미션을 마음대로 바꿀 수 있다	 원더걸스의 '텔미'춤에 맞춰 5분 동안 계속 춤추다

접시 위에 놓여 있는 과자를 모두 먹다	엉덩이로 자기 이름을 쓰다 (고향 말로)	종이컵으로 5층 탑 쌓다
한국에서 유명한 장소 10곳을 쓰다	반 친구 5명의 생일과 전화번호를 쓰다	짝의 미션이 끝날 때까지 이상하고 웃긴 얼굴 표정과 행동을 하고 있다
한국 음식 이름 20개를 쓰다	편안하게 쉬다	반 친구 5명의 부모님의 이름을 쓰다
반 친구 6명의 볼에 뽀뽀하다	반 친구 6명을 안아 주다	한국 가수 이름 10명을 쓰다

102 즐겁게 춤을 추다가 그대로 앉아라!

게임 목적	갑자기 바뀐 행동 말하기
게임 유형	의자 뺏기
인원 구성	전체
목표 문형	V-다가
준 비 물	의자 10개

게임 준비

❶ 전체를 대상으로 한다.
❷ 교실 가운데에 의자 10개를 가져다 놓는다.
❸ 의자를 중심으로 둥그렇게 선다.

게임 방법

❶ 학생들에게 '즐겁게 춤을 추다가 그대로 앉아라'의 노래 리듬과 가사를 가르치고 연습시킨다.
❷ 의자 10개를 중심으로 학생들이 노래를 부르면서 둥글게 손을 잡고 원을 만들며 오른쪽으로 돌게 한다.
❸ 노래가 끝나자마자 학생들은 가운데에 놓인 10개의 의자에 재빨리 앉는다.
❹ 의자에 못 앉은 사람은 게임에서 빠진다.
❺ ❷~❹를 반복하면서 의자의 수를 10개 → 8개 → 6개 → 4개 → 2개 → 1개로 줄여 간다.
❻ 마지막 남은 1개의 의자에 앉는 사람이 승자가 된다.

103 꿩 대신 닭

게임 목적	바뀐 상황이나 행동 말하기
게임 유형	이어 말하기
인원 구성	팀 (팀당 6명)
목표 문형	N–대신에, V–는 대신에
준 비 물	문장카드, 빈 상자

게임 준비

❶ 두 팀으로 나눈다.
❷ 문장카드를 만들어 복사한 후 카드 모양으로 자른다.
❸ 자른 문장카드를 접어 상자에 넣는다.
❹ 두 줄로 마주 보고 선다.

게임 방법

❶ 먼저 시작할 사람을 정한 후 상자에서 문장카드를 1장 뽑는다.
❷ 앞에 있는 상대팀에게 문장카드를 읽는다.
❸ 들은 사람은 대각선 방향에 있는 상대팀에게 들은 문장을 목표 문형으로 연결해서 말한다.
  "뽀뽀하는 대신에 안아 줄게요."
❹ 상대팀에게 들은 내용을 앞 사람에게 목표 문형을 사용하여 연결해서 말한다.
  "안아주는 대신에 영화를 보여 줄게요."
❺ 이때 앞에서 사용한 표현은 다시 반복해서 사용할 수 없다.
❻ 다음 사람부터 ❸~❹를 반복한다.
❼ 문형을 사용해서 말을 계속 연결하지 못한 팀이 진다.
❽ 3번 해서 2번 이상 이긴 팀이 우승팀이 된다.

예시

[가팀]	[나팀]
가: 나하고 뽀뽀하자.	가: 뽀뽀하는 대신에 안아 줄게요.
나: 안아주는 대신에 영화를 보여 줄게요.	나: 영화를 보여 주는 대신에 같이 쇼핑할게요.
다: 쇼핑하는 대신에 저녁을 먹읍시다.	다: 저녁을 먹는 대신에 클럽에 갑시다.
라: 클럽에 가는 대신 우리 집에 갑시다.	라: XX씨의 집에 가는 대신에 영화를 봅시다. (×)

나하고 뽀뽀하자	나하고 오늘 저녁에 데이트하자
저하고 결혼해 주세요	생일 선물로 핸드폰을 사주세요
한국어를 공부합시다	시험을 잘 보면 술을 사줄게요

104 접어! 접어!

- 게임 목적: 과거의 경험 회상해서 말하기
- 게임 유형: 손가락 접기
- 인원 구성: 전체
- 목표 문형: A/V-던 N
- 준 비 물: 빈 종이

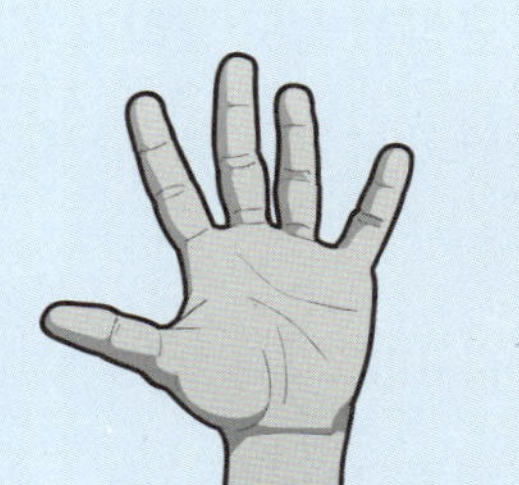
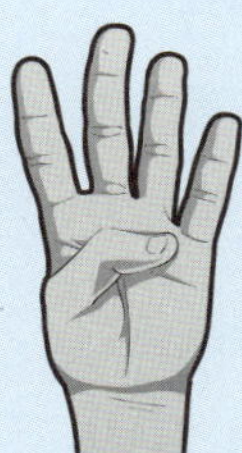

게임 준비

❶ 전체를 대상으로 한다.

게임 방법

❶ 빈 종이를 나눠 주고 목표 문형을 사용해서 친구들에게 할 질문을 5개 이상 쓰도록 유도한다.

❷ 게임의 순서를 정한다.

❸ 모두 손을 들고 열 손가락을 편다.

❹ 첫 번째 사람부터 자신에게는 해당이 안 되고 다른 사람에게만 해당된다고 생각하는 경험을 목표 문형을 사용해 이야기한다.

❺ 해당되는 사람은 손가락을 하나 접는다.

❻ 만약 문장을 잘못 만들면 자신만 손가락을 접는다.

❼ 돌아가면서 ❹~❻를 반복한다.

❽ 가장 빨리 열 손가락을 접은 사람은 가장 손가락을 적게 접은 사람이 말한 벌칙을 받는다.

TIP

❶ 친구들이 많이 했을 것 같은 질문을 하는 것이 유리하다고 알려 준다.

❷ 만약 게임의 난이도를 높이고 싶을 때는 "A/V-던 사람 2개 접어!" 등으로 응용해도 된다.

예시

가: 옛날에 만나던 애인 이름이 지금도 기억나는 사람 접어!
나: 영화 볼 때마다 울던 사람 접어!
다: 자주 듣던 노래가 한국 노래인 사람 접어!
라: 어렸을 때 살던 집에 지금도 사는 사람 접어!
마: 어렸을 때 만나던 친구를 지금도 만나는 사람 접어!
바: 애인이랑 만날 때마다 뽀뽀하던 사람 접어!
사: 어렸을 때 보던 만화영화가 '드래곤볼'인 사람 접어!

105 규칙적인 생활을 좋아하십니까?

게임 목적 규칙성 정도 말하기
활동 유형 YES or NO
인원 구성 짝
목표 문형 N-마다
준 비 물 활동지A, 활동지B

게임 준비

❶ 두 사람이 짝이 된다.
❷ 활동지A, B를 인원수만큼 복사하여 나누어 준다.

게임 방법

❶ 먼저 한 사람이 활동지A를 보면서 상대방에게 규칙성 여부를 질문한다.
❷ 대답이 '네'일 경우, 괄호 부분에 상대방의 대답을 쓰고 실선 화살표를 따라 이동한다.
❸ 대답이 '아니요'일 경우에는 점선 화살표를 따라 이동한다.
❹ ㉮~㉴의 위치에 이르면 인터뷰는 끝난다.
❺ 활동지B를 보고 상대방에게 결과를 알려 준다.
❻ 역할을 바꿔 ❶~❺를 반복한다.

TIP

❶ 인터뷰를 진행할 때에는 상대방에게 활동지를 보여 주지 않는다.
❷ 모든 팀의 인터뷰가 끝난 후에는 가장 규칙적인 생활을 하는 학생을 뽑아 보는 것도 재미있다.

예시

가: 날마다 같은 시간에 일어납니까?
나: 네.
가: 몇 시에 일어납니까?
나: 7시에 일어납니다. (괄호에 7시라고 쓰고 실선을 따라 이동한다)

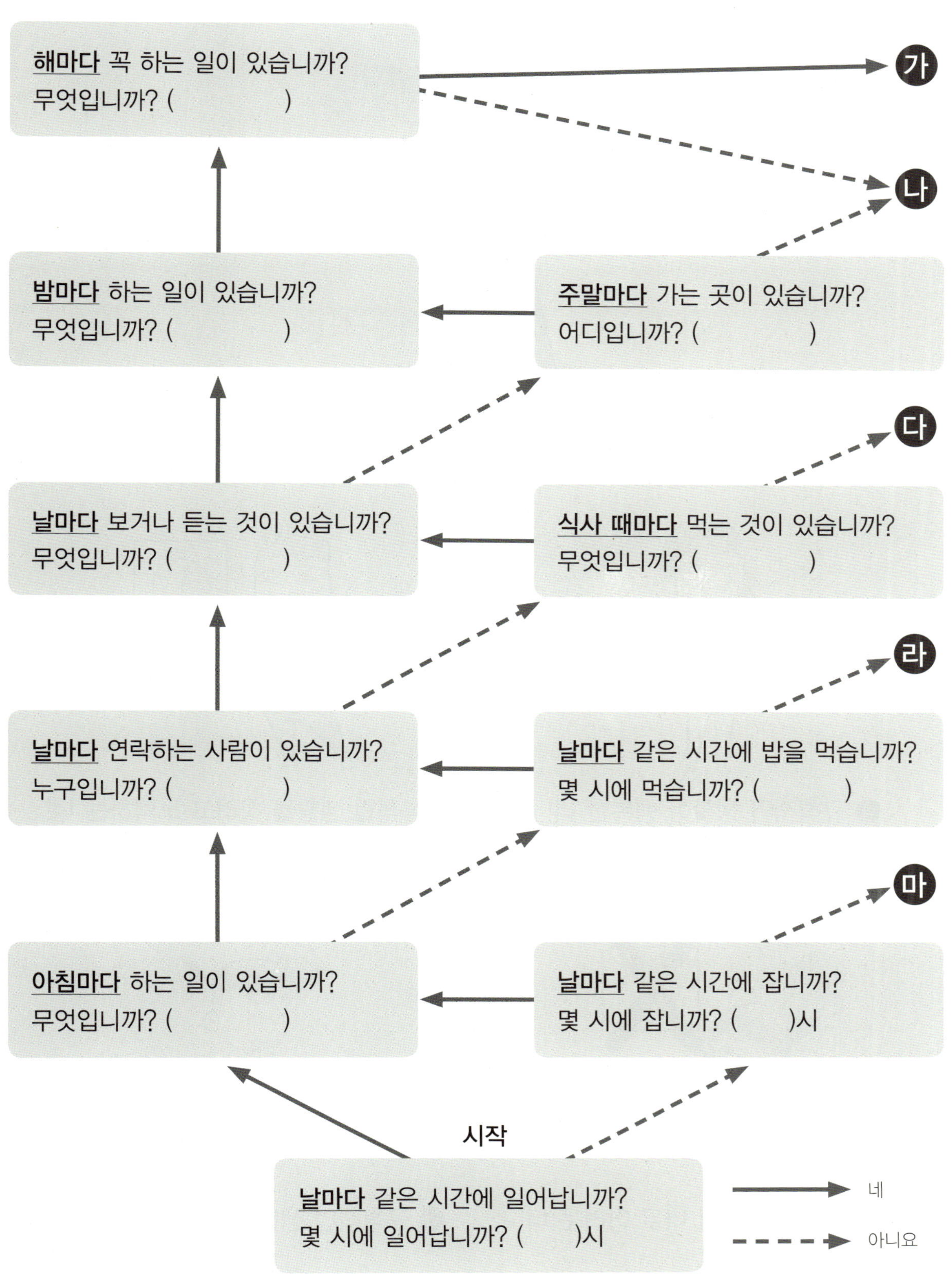
해마다 꼭 하는 일이 있습니까?
무엇입니까? (   )
가
나
밤마다 하는 일이 있습니까?
무엇입니까? (   )
주말마다 가는 곳이 있습니까?
어디입니까? (   )
다
날마다 보거나 듣는 것이 있습니까?
무엇입니까? (   )
식사 때마다 먹는 것이 있습니까?
무엇입니까? (   )
라
날마다 연락하는 사람이 있습니까?
누구입니까? (   )
날마다 같은 시간에 밥을 먹습니까?
몇 시에 먹습니까? (   )
마
아침마다 하는 일이 있습니까?
무엇입니까? (   )
날마다 같은 시간에 잡니까?
몇 시에 잡니까? (   )시
시작
날마다 같은 시간에 일어납니까?
몇 시에 일어납니까? (   )시
네
아니요

활동지B

규칙성 테스트 결과

❶ 너는 규칙왕!

❷ 규칙적인 생활이 행복한 너!

❸ 규칙적인 생활을 하려고 노력하는 너!

❹ 규칙적인 생활이 너무 어려운 너!

❺ 규칙적인 생활을 싫어하는 너!

106 손가락 접어!

 게임 목적　규칙성 정도 말하기

 활동 유형　손가락 접기

 인원 구성　소그룹 (그룹당 4명)

 목표 문형　N-마다

 준 비 물　없음

게임 준비

❶ 4명이 한 그룹이 된다.

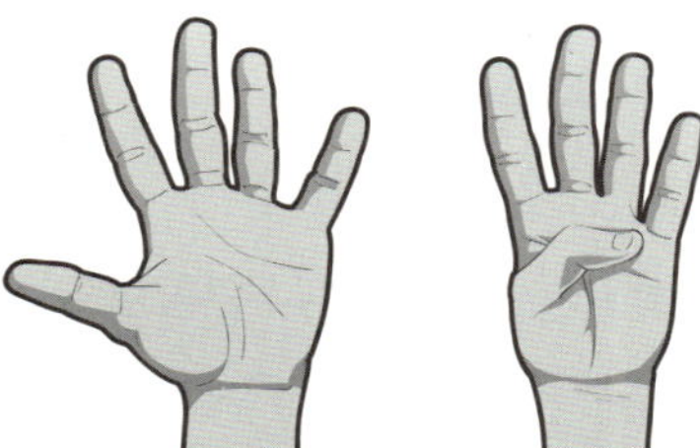

게임 방법

❶ 게임 순서를 정한다.

❷ 모두 오른손을 들고 손가락을 편다.

❸ 첫 번째 사람부터 자기에게는 해당되지 않고 다른 사람들에게만 해당된다고 생각하는 습관을 '-마다'를 사용하여 이야기한다.

❹ 해당되는 사람은 손가락을 하나 접는다.

❺ 돌아가면서 ❸~❹을 반복한다.

❻ 다섯 손가락을 모두 접은 사람은 벌칙을 받는다.

TIP

❶ 게임의 난이도를 높이기 위해 양손을 모두 사용해도 된다.

❷ 노래하기, 엉덩이로 이름 쓰기 등 반 학생들이 즐거워할 만한 벌칙을 준비한다.

예시

가: 아침**마다** 샤워하는 사람 접어!

나: 밤**마다** 게임하는 사람 접어!

다: 주말**마다** 드라마 보는 사람 접어!

107 한 개밖에 없어요!

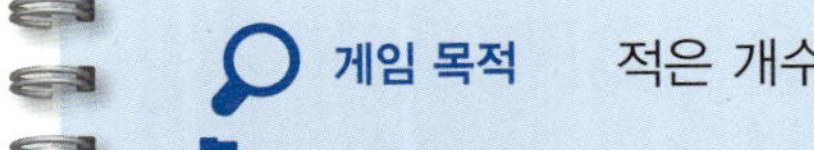

게임 목적	적은 개수 말하기
활동 유형	다른 그림 찾기
인원 구성	짝
목표 문형	N-밖에 없다
준 비 물	활동지A, 활동지B, 색연필

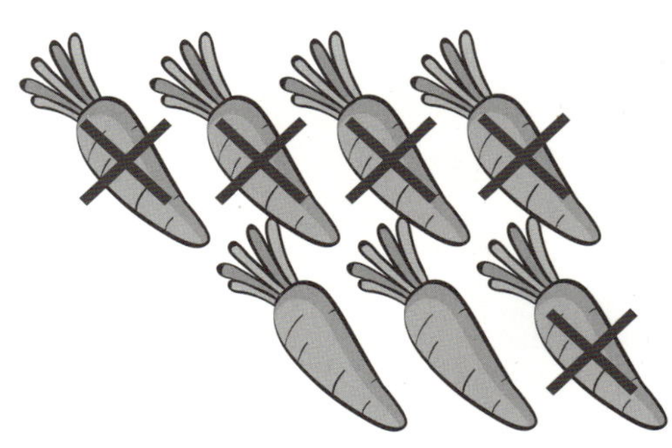

게임 준비

❶ 두 사람이 짝이 된다.

❷ 활동지A, B를 인원수만큼 복사한다.

❸ 한 명에게는 활동지A, 다른 한 명에게는 활동지B를 준다.

게임 방법

❶ 먼저 한 사람이 자기 활동지의 물건 개수를 말한 후 상대방의 물건 개수를 묻는다.

❷ 상대방은 자기 활동지를 보고 대답한다.
이때, 자기 물건 개수가 상대방보다 적으면 목표 문형을 사용하여 대답해야 한다.

❸ 물건 개수가 더 많은 사람이 상대방의 물건 개수에 맞추어 자기 물건에 X표를 한다.

❹ 두 사람은 번갈아서 ❶~❸을 반복한다.

❺ 활동지A, B에 있는 물건 개수를 동일하게 맞추면 끝난다.

TIP

❶ 활동지A와 활동지B를 상대방에게 보여 주지 않는다.

❷ 질문과 대답은 두 사람이 계속 번갈아서 한다.

예시

가: 여기에는 비누가 6개 있어요. 거기에는 비누가 몇 개 있어요?

나: 1개밖에 없어요.

가: (비누 5개에 X표시를 한다)

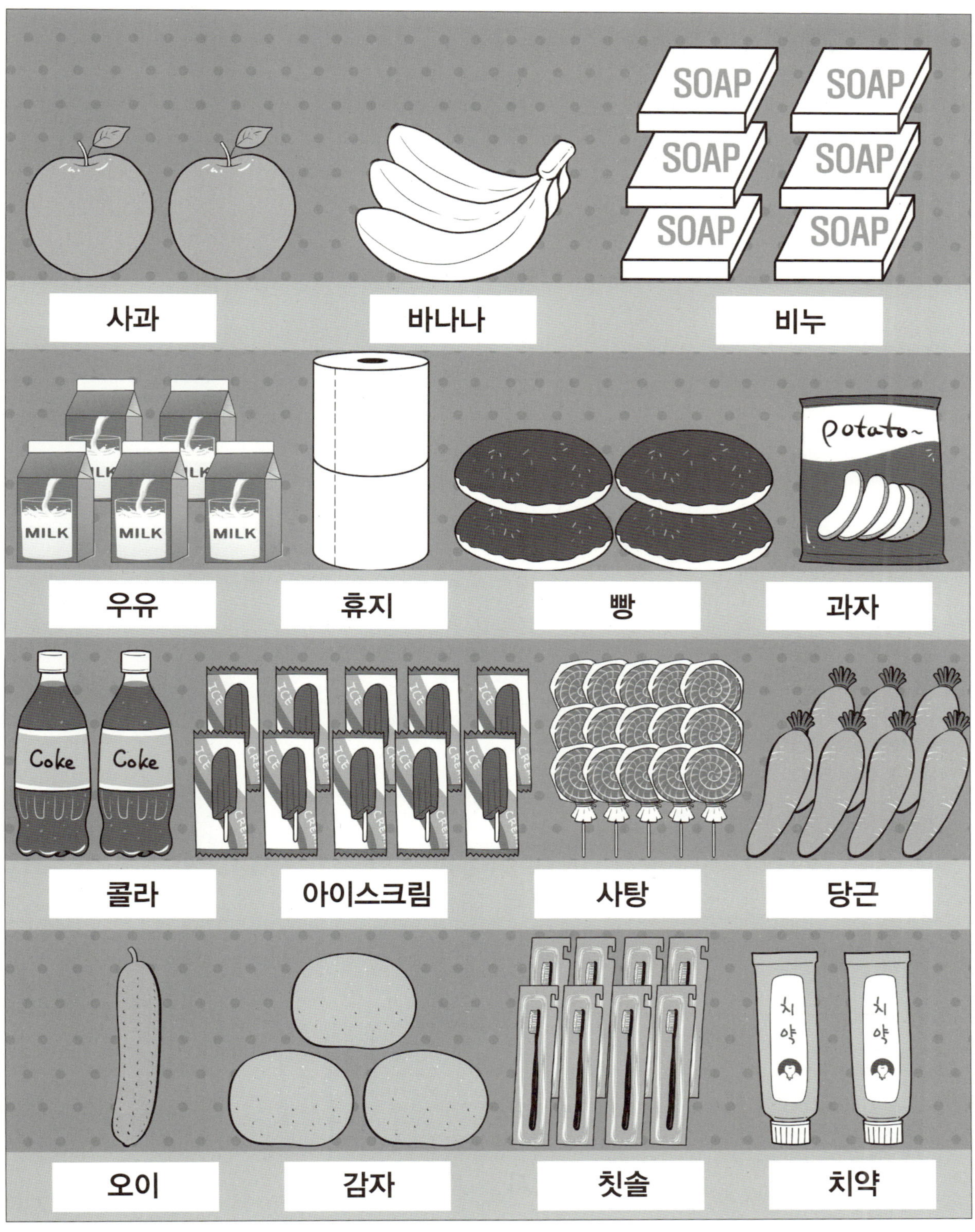
SOAP
SOAP
SOAP
SOAP
SOAP
SOAP
사과
바나나
비누
MILK
MILK
MILK
potato~
우유
휴지
빵
과자
Coke
Coke
ICE
CREAM
콜라
아이스크림
사탕
당근
치약
치약
오이
감자
칫솔
치약

활동지B

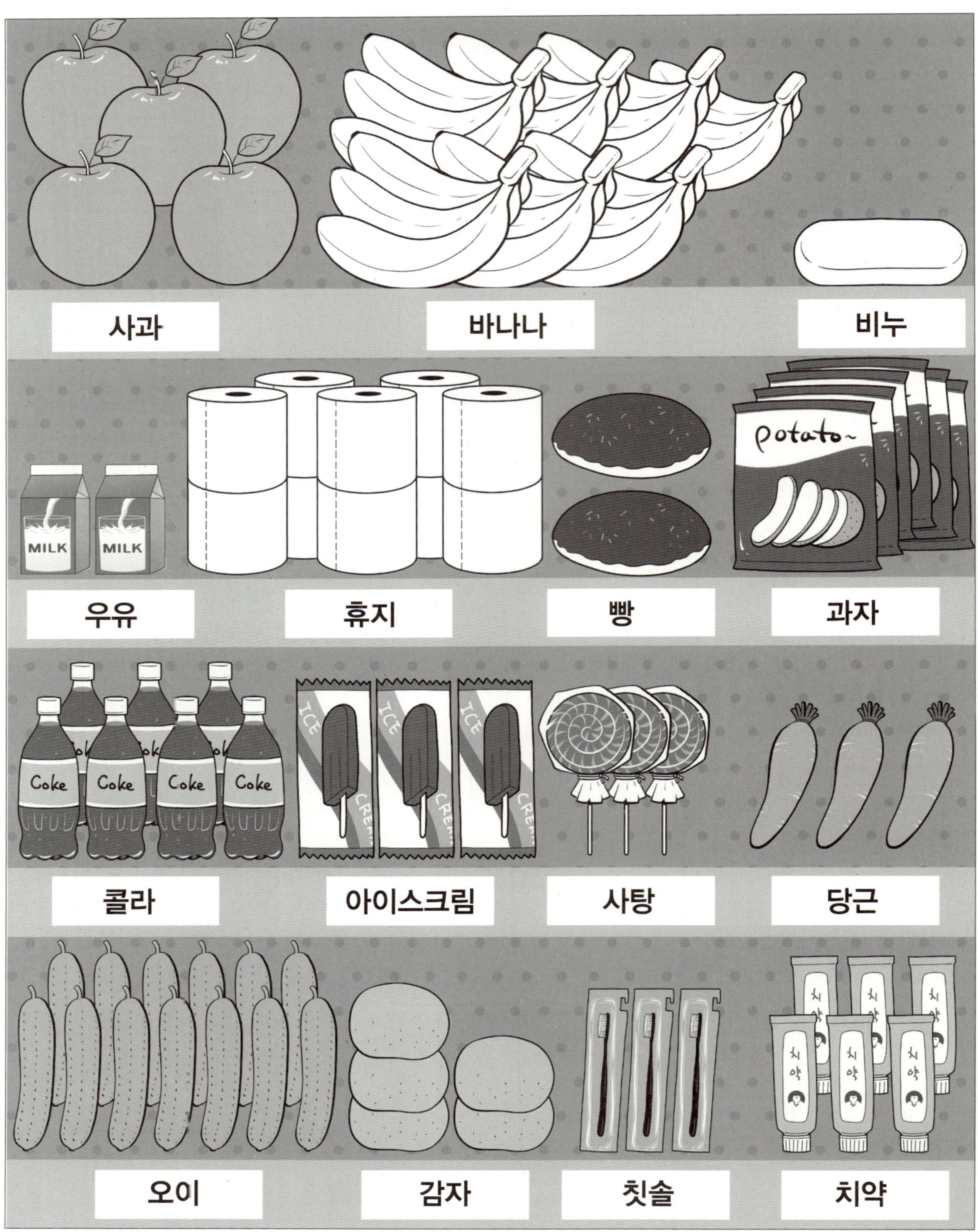

사과
바나나
비누
MILK
MILK
potato~
우유
휴지
빵
과자
Coke
Coke
Coke
Coke
ICE
ICE
ICE
콜라
아이스크림
사탕
당근
치약
오이
감자
칫솔
치약

108 여우야, 여우야, 뭐 하니?

게임 목적	격식체 반말 사용하기
게임 유형	술래잡기
인원 구성	전체
목표 문형	A/V-(ㄴ/는)다, A/V-니?
준 비 물	없음

게임 준비

❶ 전체를 대상으로 한다.
❷ 술래 1명을 정한다.
❸ 술래를 제외한 전원은 둥그렇게 서서 원을 만든다.
❹ 술래는 원 중앙에 선다.

TIP

❶ 게임을 시작하기 전에 '여우야, 여우야, 뭐 하니?' 노래를 가르쳐 준다.
❷ 질문이나 대답을 바꿔도 된다.

게임 방법

❶ 교사의 시작 신호와 함께 원을 만든 사람들은 '여우야, 여우야, 뭐 하니' 노래를 부르며 오른쪽으로 돈다.
❷ 노래에 맞춰 술래는 대답을 한다.
❸ 마지막 질문에서 술래가 '살았다.'라고 대답하면 모두 재빠르게 술래를 피해 달아난다.
❹ 마지막 질문에서 술래가 '죽었다.'라고 대답하면 다시 처음부터 노래를 부른다.
❺ 술래에 잡힌 사람이 다음 술래가 된다.
❻ ❶~❺를 반복한다.

예시

원: 여우야, 여우야, 뭐 하니?
술래: 밥 먹는다. (잠 잔다)
원: 무슨 반찬? (어디에서?)
술래: 개구리 반찬 (나무 아래서)
원: 죽었니? 살았니?
술래: 살았다! (죽었다!)

109 즐거운 야자타임

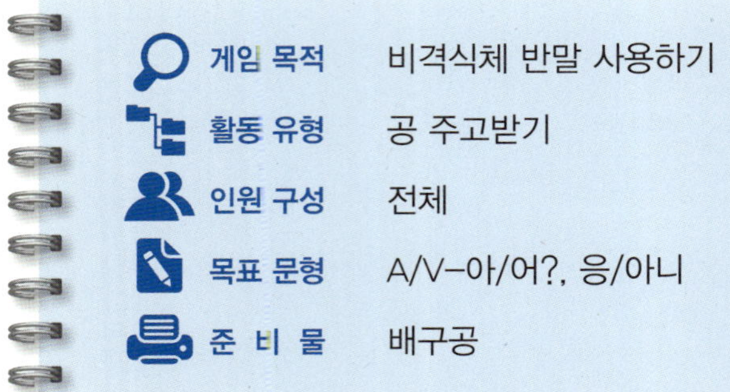

게임 준비

❶ 전원이 둥그렇게 원을 그리고 선다.

❷ 질문을 처음 시작할 사람이 공을 가지고 있는다.

게임 방법

❶ 공을 가진 사람은 서 있는 사람 중 한 사람에게 공을 던지면서 질문을 한다. 이때 목표 문형을 사용한다.

❷ 공을 받은 사람이 '응, 그래~'라고 긍정의 대답을 한 경우, ❶을 반복한다.

❸ '아니'라고 대답하거나 반말을 잘못 사용하거나 늦게 대답하는 경우에는 원 밖으로 나간다.

❹ 돌아가면서 ❶~❸을 반복한다.

❺ 마지막까지 남은 사람이 최후의 승자가 된다.

TIP

❶ 게임을 시작하기 전에 상대방에게 어떤 질문을 할지 미리 생각해 보도록 한다.

❷ 질문을 할 때에는 상대방을 웃게 하거나 당황하게 만드는 질문을 하는 것이 게임의 흥미를 높일 수 있다.

❸ 공을 제대로 못 받았을 경우에는 벌칙을 받는다.

예시

가: (나한테 공을 던지며) 너 지금 다이어트하고 있어?

나: 응. 다이어트 중이야. (다한테 공을 던지며) 너, 나 좋아해?^^

다: 아니, 응. 몰라~ (원 밖으로 나간다)

110 떡볶이가 김치보다 매워요!

게임 목적 두 대상 비교하기
게임 유형 인터뷰
인원 구성 전체
목표 문형 N-보다 더 A/V
준 비 물 게임지A, 게임지B

게임 준비

❶ 전체를 대상으로 한다.
❷ 게임지A를 복사한 후 카드 모양으로 자른다.
❸ A카드를 모두에게 1장씩 나누어 준다.
❹ 게임지B를 복사한 후 모두에게 1장씩 나누어 준다.

게임 방법

❶ 게임지B를 들고 돌아다니면서 모두에게 무작위로 질문한다.
이때 목표 문형을 사용해서 질문한다.
❷ 질문에 해당되는 A카드를 가졌을 경우 대답한다.
이때 목표 문형을 사용해서 대답한다.
❸ 대답을 들은 후 게임지B에 표시한다.
❹ 모든 질문에 대한 답을 얻을 때까지 인터뷰를 진행한다.
❺ 게임지B를 가장 빨리 완성하는 사람이 승자가 된다.

TIP

❶ A카드와 게임지B를 상대방에게 보여 주지 않는다.
❷ 게임 참가자들은 자유롭게 돌아다니면서 서로 질문과 대답을 주고받으면 된다.
❸ 게임지B에 있는 질문 순서는 상관이 없다.

예시

가: 중국 인구가 인도 인구보다 많아요?
나: (해당 A카드가 없을 경우) 잘 모르겠어요.
(해당 A카드가 있을 경우) 네, 중국 인구가 인도 인구보다 많아요.
가: (게임지B → 중국 인구에 체크한다)

게임지A

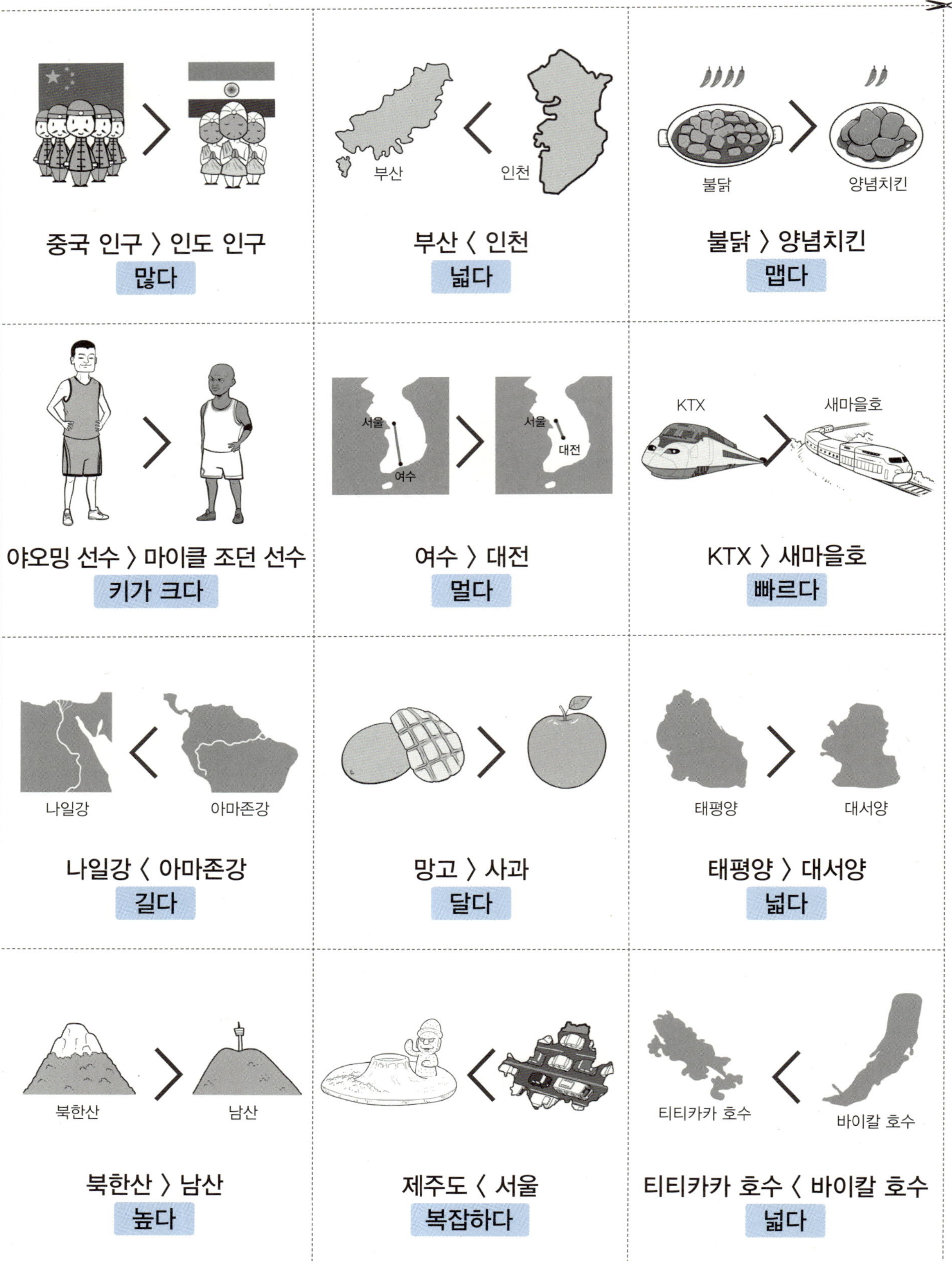

부산
인천
불닭
양념치킨
중국 인구 〉 인도 인구
많다
부산 〈 인천
넓다
불닭 〉 양념치킨
맵다
서울
여수
서울
대전
KTX
새마을호
야오밍 선수 〉 마이클 조던 선수
키가 크다
여수 〉 대전
멀다
KTX 〉 새마을호
빠르다
나일강
아마존강
태평양
대서양
나일강 〈 아마존강
길다
망고 〉 사과
달다
태평양 〉 대서양
넓다
북한산
남산
티티카카 호수
바이칼 호수
북한산 〉 남산
높다
제주도 〈 서울
복잡하다
티티카카 호수 〈 바이칼 호수
넓다

질문	정답	
중국 인구 / 인도 인구 / 많다	☐ 중국 인구	☐ 인도 인구
부산 / 인천 / 넓다	☐ 부산	☐ 인천
불닭 / 양념치킨 / 맵다	☐ 불닭	☐ 양념치킨
야오밍 선수 / 마이클 조던 선수 / 키가 크다	☐ 야오밍	☐ 마이클 조던
여수 / 대전 / 멀다	☐ 여수	☐ 대전
KTX / 새마을호 / 빠르다	☐ KTX	☐ 새마을호
나일강 / 아마존강 / 길다	☐ 나일강	☐ 아마존강
망고 / 사과 / 달다	☐ 망고	☐ 사과
태평양 / 대서양 / 넓다	☐ 태평양	☐ 대서양
북한산 / 남산 / 높다	☐ 북한산	☐ 남산
제주도 / 서울 / 복잡하다	☐ 제주도	☐ 서울
티티카카 호수 / 바이칼 호수 / 넓다	☐ 티티카카	☐ 바이칼

111 친구를 웃게 하세요!

게임 목적	간접 사동문 익히기
게임 유형	미션 달성
인원 구성	팀 (팀당 6명)
목표 문형	사동 V–게 하다
준 비 물	게임지A, 빈 상자, 스티커 12장

게임 준비

❶ 두 팀으로 나눈다.

❷ 게임지A를 복사하여 카드 모양으로 자른다.

❸ A카드를 접어 빈 상자에 넣는다.

게임 방법

❶ 각 팀별로 게임 순서를 정한다.

❷ 첫 번째 팀의 첫 번째 사람이 나와 빈 상자에서 A카드를 한 장 뽑는다.

❸ A카드에 적힌 미션을 자기 팀원들에게 몸으로 설명한다. 이때 절대로 말을 해서는 안 된다.

❹ 팀원 전체가 미션을 달성하면 교사는 해당 스티커를 준다.

❺ 다음 참가자가 나와 ❷~❹를 반복한다.

❻ 제한 시간이 끝나면 상대 팀이 나와 ❷~❺를 진행한다.

❼ 게임이 끝난 후 더 많은 스티커를 얻은 팀이 승리한다.

TIP

❶ 미션 달성이 어려울 때에는 '통과'를 외칠 수 있다.

❷ 참가자의 수준에 따라서 게임 시간을 정한다.

❸ 참가자들의 수준이 높을 경우 A카드를 직접 작성해도 된다.

게임지A

웃게 하세요	울게 하세요
'안녕하세요'라고 말하게 하세요	'곰 세 마리'를 노래하게 하세요
'강남스타일' 춤을 추게 하세요	제자리에서 10바퀴 돌게 하세요
친구하고 뽀뽀하게 하세요	한쪽 신발을 벗게 하세요
박수를 30번 치게 하세요	엉덩이로 이름을 쓰게 하세요
앉았다가 일어나기를 10번 하게 하세요.	책을 머리 위에 올려 놓고 걷게 하세요

112 양말을 벗기세요!

게임 목적	직접 사동문 익히기
게임 유형	미션 달성
인원 구성	팀 (팀당 6명)
목표 문형	사동사 –이, 히, 리, 기, 우, 추–
준 비 물	게임지A, 빈 상자 2개

게임 준비

❶ 두 팀으로 나눈다.
❷ 게임지A를 2장 복사하여 카드 모양으로 자른다.
❸ 각 팀에 A카드를 한 세트(12장)씩 나누어 준다.
❹ 각 팀은 서로 상의하여 상대 팀이 수행해야 할 미션 카드를 작성한다.
❺ 완성된 카드를 접어 2개의 빈 상자에 각각 넣는다.

게임 방법

❶ 게임 순서를 정한다.
❷ 팀별로 미션의 대상이 될 모델을 한 명 선정한다.
❸ 첫 번째 팀의 첫 번째 사람이 나와 상대 팀의 상자에서 미션카드를 한 장 뽑는다.
❹ 큰 소리로 자기 팀원들에게 카드에 적힌 미션을 말한다.
❺ 팀원들은 자기 팀의 모델에게 해당 미션을 수행한다.
❻ 돌아가면서 ❸~❺를 반복해서 진행한다.
❼ 제한 시간이 끝나면 몇 개의 미션을 완수했는지 확인한다.
❽ 상대팀이 나와 ❸~❼을 진행한다.
❾ 더 많은 미션을 달성한 팀이 이긴다.

TIP

❶ 참가자의 수준에 따라 미션 카드의 수를 늘리거나 게임 시간을 정한다.
❷ 미션 수행이 어려울 때에는 '통과'를 외칠 수 있다.

게임지A

모델한테 ______ 을/를 씌우세요.	모델한테 ______ 을/를 신기세요.	모델한테 ______ 을/를 입히세요.
모델을 웃기세요.	모델을 울리세요.	모델의 ______ 을/를 빗기세요.
모델을 재우세요.	모델을 ______ 에 앉히세요.	모델을 ______ 번 돌리세요.
모델의 ______ 을/를 벗기세요.	모델의 ______ 에 ______ 을/를 붙이세요.	모델한테 ______ 을/를 먹이세요.

113 오늘의 일기

- **게임 목적** 이유와 순서 말하기
- **게임 유형** 글의 순서 맞추기
- **인원 구성** 팀 (팀당 6명)
- **목표 문형** A/V-아/어 가지고
- **준 비 물** 게임지A

게임 준비

❶ 두 팀으로 나눈다.

❷ 게임지A를 2장 확대 복사한 후 카드 모양으로 자른다.

❸ 각 팀별로 A카드를 한 세트(12장)씩 나누어 준다.
이때 A카드를 한 명당 2장씩 무작위로 나누어 준다.

게임 방법

❶ 각 팀은 팀원들의 카드를 비교하여 문장의 선후를 논의한다.

❷ 일기가 완성되면 한 사람당 카드를 2장씩 들고 나와 일렬로 선다.
이때 문장의 순서에 맞게 줄을 서야 한다.

❸ 한 사람씩 돌아가면서 카드에 적혀 있는 문장을 읽는다.

❹ 일기를 순서대로 빨리 정확하게 완성하여 말하는 팀이 이긴다.

TIP

❶ 제한 시간을 미리 정해 놓고 시작해도 된다.

❷ 카드에 있는 내용을 학생들이 직접 큰 소리로 읽도록 시킨다.

정답

1 오늘 저녁 7시에 대학로에서 친구들과 약속이 있었다.
2 회사 일이 늦게 끝나 가지고 대학로까지 택시를 타고 갔다.
3 퇴근 시간에 길이 많이 막혀 가지고 7시 30분쯤 대학로에 도착했다.
4 내가 늦게 도착해 가지고 미안한 마음이 들었다.
5 밥을 먹는 동안 너무 재미있어 가지고 많이 웃었다.
6 더 놀고 싶었지만 해야 할 일이 많아 가지고 먼저 자리에서 일어났다.
7 친구들에게 작별 인사를 한 후에 미안해 가지고 내가 식사비를 냈다.
8 집으로 오는 길에 너무 피곤해 가지고 버스에서 잤다.
9 너무 깊이 잠이 들어 가지고 버스에서 못 내릴 뻔했다.
10 집에 도착해 가지고 일을 하려고 책상 앞에 앉았다.
11 하지만 머리도 아프고 다리도 아파 가지고 그냥 자기로 했다.
12 내일 일찍 일어나 가지고 일을 하기로 결심하고 침대로 갔다.

☐ 오늘 저녁 7시에 대학로에서 친구들과 약속이 있었다.	☐ 회사 일이 늦게 **끝나 가지고** 대학로까지 택시를 타고 갔다.
☐ 퇴근 시간에 길이 많이 **막혀 가지고** 7시 30분쯤 대학로에 도착했다.	☐ 내가 늦게 **도착해 가지고** 미안한 마음이 들었다.
☐ 밥을 먹는 동안 너무 **재미있어 가지고** 많이 웃었다.	☐ 더 놀고 싶었지만 해야 할 일이 **많아 가지고** 먼저 자리에서 일어났다.
☐ 친구들에게 작별 인사를 한 후에 **미안해 가지고** 내가 식사비를 냈다.	☐ 집으로 오는 길에 너무 **피곤해 가지고** 버스에서 잤다.
☐ 너무 깊이 잠이 **들어 가지고** 버스에서 못 내릴 뻔했다.	☐ 집에 **도착해 가지고** 일을 하려고 책상 앞에 앉았다.
☐ 하지만 머리도 아프고 다리도 **아파 가지고** 그냥 자기로 했다.	☐ 내일 일찍 **일어나 가지고** 일을 하기로 결심하고 침대로 갔다.

114 어때 보여요?

게임 목적 눈으로 보고 짐작해서 말하기
게임 유형 카드 매칭
인원 구성 소그룹 (그룹당 4명)
목표 문형 A-아/어 보이다
준 비 물 게임지A, 게임지B

게임 준비

❶ 4명이 한 그룹이 된다.
❷ 게임지A와 게임지B를 그룹 수만큼 복사하여 카드 모양으로 자른다.
❸ 각 그룹에 A카드와 B카드를 각각 한 세트씩 나누어 준다.

게임 방법

❶ 게임 순서를 정한다.
❷ A카드와 B카드를 잘 섞은 후 뒤집어서 펼쳐 놓는다.
❸ 첫 번째 사람이 먼저 1장의 카드를 뒤집은 후 목표 문형을 사용하여 말한다.
❹ 다른 1장을 또 뒤집는다.
❺ 두 카드가 매치가 될 경우 해당 카드 2장을 자기 앞으로 가져간다.
❻ 문장을 잘못 말하거나 짝이 맞지 않을 경우에는 다시 원래대로 뒤집어 놓는다.
❼ 돌아가면서 ❸~❻을 반복해서 진행한다.
❽ 모든 카드의 짝을 찾으면 게임이 끝난다.
❾ 가장 많은 카드를 가져간 사람이 이긴다.

TIP

❶ 카드를 뒤집은 후 카드 속 그림이나 단어를 보고 목표 문형을 사용하여 말하도록 사전에 알려 준다.
❷ 학생들의 수준이나 상황에 따라 소그룹 인원을 조정해도 괜찮다.

꼬르륵
Best Movie!!
$\frac{df}{dt} = \lim_{h \to 0} \frac{f(t+h)-f(t)}{h}$

게임지B

행복하다	슬프다	피곤하다
기쁘다	무섭다	날씬하다
배고프다	바쁘다	한가하다
재미있다	맛있다	어렵다

115 무엇이 달라요?

게임 목적	완료 상태 말하기
게임 유형	다른 그림 찾기
인원 구성	팀 (팀당 2명)
목표 문형	V-아/어 있다
준 비 물	게임지A, 게임지B, 색연필

게임 준비

❶ 2명이 한 팀이 된다.
❷ 게임지A, B를 인원수만큼 복사한다.
❸ 한 명에게는 게임지A, 다른 한 명에게는 게임지B를 준다.

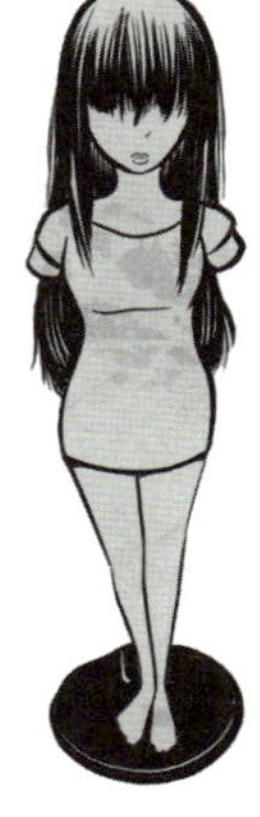

게임 방법

❶ 먼저 한 사람이 자기 게임지를 보고 방 내부에 있는 물건의 상태에 대해 질문한다. 이때 목표 문형을 사용하여 질문한다.
❷ 상대방도 자기 게임지를 보고 목표 문형을 사용하여 대답한다.
❸ 두 사람의 그림이 다를 경우 해당 부분에 동그라미를 친다.
❹ 다른 부분을 모두 가장 빨리 찾는 팀이 이긴다.

TIP

❶ 상대방에게 게임지를 보여 주지 않는다.
❷ 그림 하단에 제시된 〈보기〉에 있는 단어를 참고하여 질문한다.

예시

가: 벽에 할머니 사진이 걸려 있어요?
나: 아니요, 할아버지 사진이 걸려 있어요.
(사진 부분에 동그라미를 친다)

정답

여자, 창문, 문, 사진, 거울, 침대 위, 가방 안, 곰인형, 촛불, 편지

게임지A

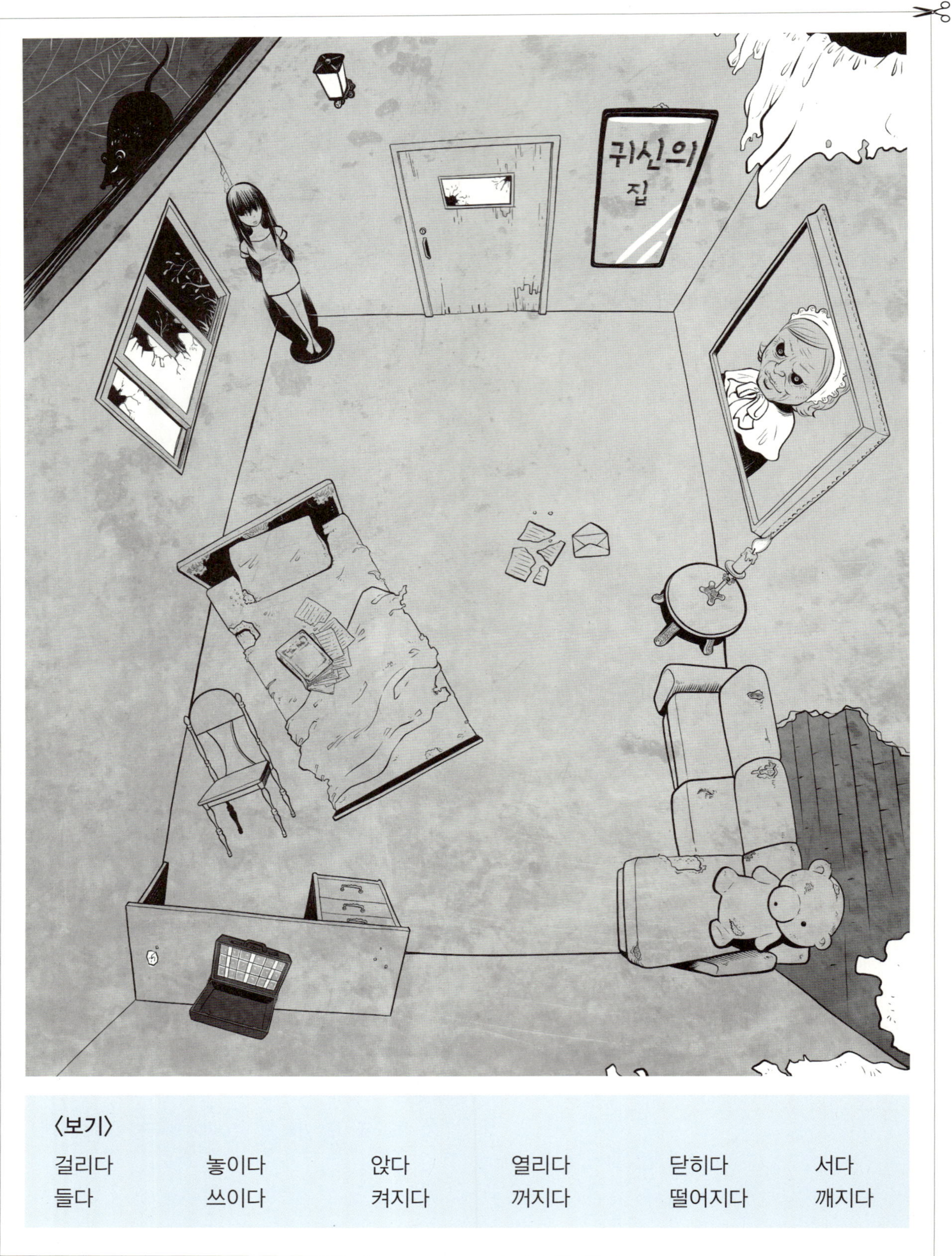

〈보기〉

걸리다	놓이다	앉다	열리다	닫히다	서다
들다	쓰이다	켜지다	꺼지다	떨어지다	깨지다

게임지B

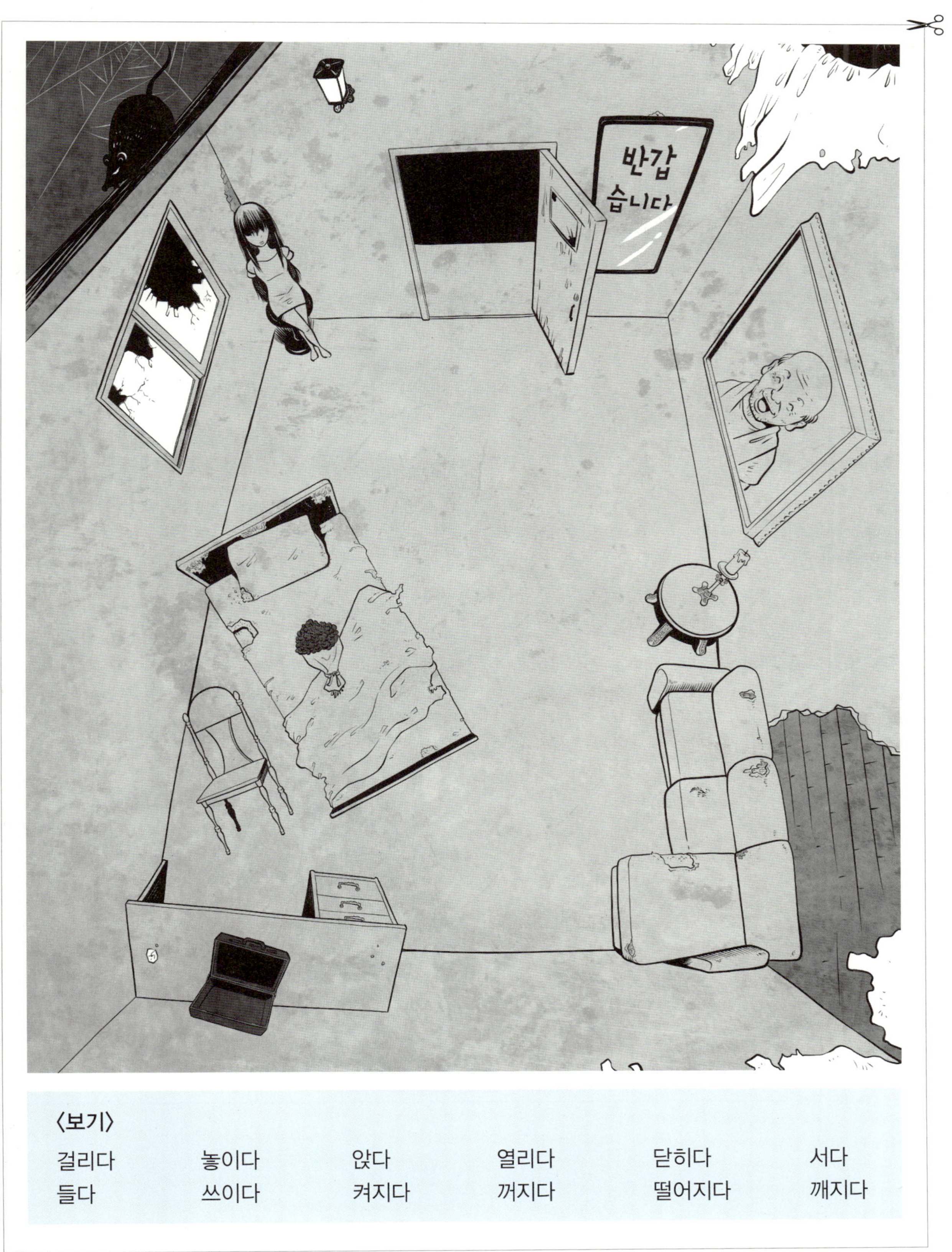

〈보기〉

걸리다	놓이다	앉다	열리다	닫히다	서다
들다	쓰이다	켜지다	꺼지다	떨어지다	깨지다

116 우리 고향이 달라졌어요

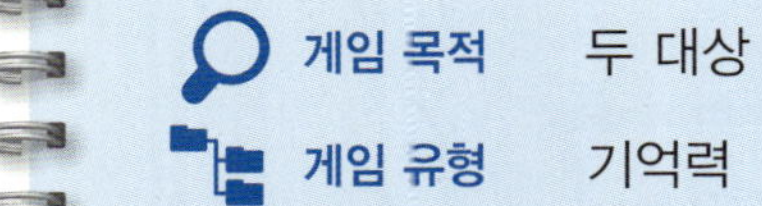

게임 목적	두 대상 비교하기
게임 유형	기억력
인원 구성	팀 (팀당 6명)
목표 문형	A-아/어지다
준 비 물	게임지A, 게임지B

게임 준비

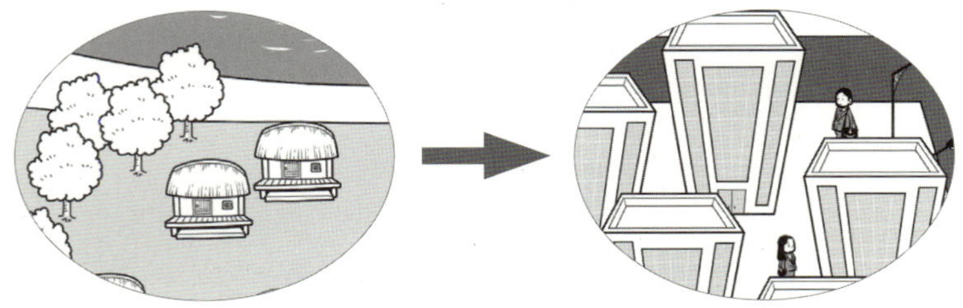

❶ 두 팀으로 나눈다.

❷ 게임지A, B를 확대 복사한다.

게임 방법

❶ 교사를 중심으로 각 팀의 학생들은 마주 보고 두 줄로 선다.

❷ 교사는 게임지A, B를 양 팀 모두에게 약 30초간 보여준 후 뒤집어 놓는다.

❸ 각 팀의 첫 번째 사람은 게임지A, B의 달라진 점 한 가지를 말한다.
이때 목표 문형을 사용하여 말해야 한다.

❹ 달라진 점을 맞혔을 경우 대열에서 빠지며, 틀렸을 경우는 그 줄의 맨 뒤에 가서 선다.

❺ 돌아가면서 ❸~❹를 반복한다.

❻ 모든 인원이 대열 밖으로 빨리 빠진 팀이 이긴다.

TIP
학생들의 수준에 따라 게임지를 보여 주는 시간을 조정할 수 있다.

예시

가: 나무가 적어졌어요.

교사: 정답! (가 학생은 대열 밖으로 빠진다)

나: 강이 넓어졌어요.

교사: 땡! 틀렸습니다. (나 학생은 자기 줄의 맨 뒤에 가서 선다)

30년 전 고향
마을 회관

게임지B

117 친구가 배 고파해요

게임 목적	감정이 들어간 행동 말하기
게임 유형	카드 매칭
인원 구성	소그룹 (그룹당 4명)
목표 문형	A-아/어하다
준 비 물	게임지A, 게임지B

게임 준비

❶ 4명이 한 그룹이 된다.
❷ 게임지A와 게임지B를 그룹 수만큼 복사하여 카드 모양으로 자른다.
❸ 각 그룹에 A카드와 B카드를 한 세트씩 나누어 준다.

게임 방법

❶ 게임 순서를 정한다.
❷ A카드와 B카드를 잘 섞은 후 뒤집어서 펼쳐 놓는다.
❸ 첫 번째 사람이 먼저 1장의 카드를 뒤집은 후 목표 문형을 사용하여 말한다.
❹ 다른 1장을 또 뒤집는다.
❺ 두 카드가 매치가 될 경우 해당 카드 2장을 자기 앞으로 가져간다.
❻ 문장을 잘못 말하거나 짝이 맞지 않을 경우에는 다시 원래대로 뒤집어 놓는다.
❼ 돌아가면서 ❸~❻을 반복해서 진행한다.
❽ 모든 카드의 짝을 찾으면 게임이 끝난다.
❾ 가장 많은 카드를 가져간 사람이 이긴다.

TIP

❶ 카드를 뒤집은 후 카드 속 그림이나 단어를 보고 목표 문형을 사용하여 말하도록 안내한다.
❷ 학생들의 수준이나 상황에 따라 소그룹 인원을 조정해도 괜찮다.

게임지A

배고프다	슬프다	좋다
아프다	무섭다	(개를) 귀엽다
피곤하다	어렵다	재미있다
행복하다	쉽다	무겁다

118 앉았다가 일어나!

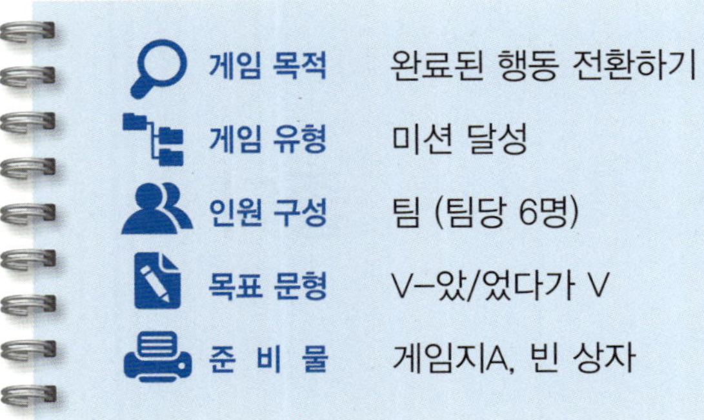

게임 목적	완료된 행동 전환하기
게임 유형	미션 달성
인원 구성	팀 (팀당 6명)
목표 문형	V-았/었다가 V
준 비 물	게임지A, 빈 상자

게임 준비

❶ 두 팀으로 나눈다.
❷ 게임지A를 복사하여 카드 모양으로 자른다.
❸ A카드를 접어 빈 상자에 넣는다.

게임 방법

❶ 팀의 순서를 정한다.
❷ 각 팀별로 대표를 뽑는다.
❸ 첫 번째 팀 대표가 나와 카드를 뽑은 후 카드에 쓰인 미션을 크게 읽는다.
❹ 해당 팀원들은 다 함께 미션을 수행한다.
❺ 미션을 달성하면 팀 대표는 다음 카드를 뽑아 크게 읽는다.
❻ ❸~❺를 반복한다.
❼ 5개의 미션을 모두 달성할 때까지 걸린 시간을 체크한다.
❽ 상대 팀 역시 ❸~❼을 반복해서 진행한다.
❾ 시간이 적게 걸린 팀이 이긴다.

TIP

❶ 빈 카드에 목표 문형을 사용하여 직접 문장을 만들어 보는 것도 좋다.
❷ 시간의 여유가 있을 경우에는 카드의 개수를 늘려도 된다.

창문을 3번 **열었다가** 닫으세요.

팀원 모두 자켓을 **입었다가** 벗으세요.

팀원 모두 두 팔을 열 번 **올렸다가** 내리세요.

팀원 모두 화장실에 **갔다가** 오세요.

친구의 바지 주머니에 볼펜 10개를 **넣었다가** 꺼내세요.

팀원 모두 양말을 **벗었다가** 신으세요.

교실 문을 5번 **열었다가** 닫으세요.

칠판에 상대 팀 친구들의 얼굴을 **그렸다가** 지우세요.

상대 팀 친구들의 사진을 **찍었다가** 지우세요.

친구의 안경을 **썼다가** 벗으세요.

팀원 모두 열 번 **앉았다가** 일어나세요.

교실 앞까지 한 발로 **갔다가** 돌아오세요.

119 기억하라! 1분 전

- **게임 목적** 회상하여 말하기
- **게임 유형** 기억력
- **인원 구성** 팀 (팀당 6명)
- **목표 문형** A/V-았/었던 N
- **준 비 물** 게임지A, 빈 상자

게임 준비

❶ 두 팀으로 나눈다.

❷ 게임지A를 복사하여 카드 모양으로 자른다.

❷ A카드를 접은 후 빈 상자에 넣는다.

게임 방법

❶ 팀 순서를 정한다.

❷ 첫 번째 팀이 나와 빈 상자에서 카드를 각각 1장씩 뽑는다.

❸ 팀원들은 둥그렇게 선 후 1분 동안 카드에 있는 대로 행동한다. 동시에 다른 팀원들의 행동을 눈여겨보고 기억해야 한다.

❹ 1분이 지나면 모두 행동을 멈춘다.

❺ 돌아가면서 자기 팀원들의 행동을 한 가지씩 목표 문형을 사용하여 말한다.

❻ 다음 팀이 나와 ❷~❺를 반복한다.

❼ 팀원들의 행동을 많이 기억한 팀이 이긴다.

TIP

❶ 팀원들의 행동을 발표할 때 각각 다른 팀원의 행동을 말해야 한다.

❷ 자기 팀원들이 기억을 잘할 수 있도록 적극적으로 움직여야 한다.

예시

가: 춤을 췄던 사람은 ○○○ 씨예요.

나: 노래를 했던 사람은 ○○○ 씨예요.

춤을 추세요	노래를 하세요
물을 드세요	엉덩이로 이름을 쓰세요
앉았다가 일어나세요	운동을 하세요
친구한테 뽀뽀하세요	방귀를 뀌세요
책을 읽으세요	제자리에서 도세요
한 다리로 뛰세요	계속 인사하세요

120 왕중왕 선발대회

 **게임 목적** 제일 잘하는 사람 말하기

 **게임 유형** 장기자랑

 **인원 구성** 전체

목표 문형 N-(중)에서 제일 A/V

 **준 비 물** 게임지A

게임 준비

❶ 전체를 대상으로 한다.

❷ 게임지A를 크게 확대 복사하여 칠판에 붙인다.

게임 방법

❶ 각 게임별로 참가 희망자를 받아 게임지A에 이름을 쓴다.
단, 게임은 남학생과 여학생을 분리해서 토너먼트식으로 진행한다.

❷ 먼저 팔씨름 게임을 진행한다.

❸ 패자 이름에는 X자를 하며, 최종 우승자가 남을 때까지 계속한다.

❹ 춤, 노래, 콜라 빨리 마시기 등도 같은 방법으로 진행한다.

❺ 모든 게임이 끝난 후에는 남학생과 여학생의 우승자를 각각 발표한다.
이때 목표 문형을 사용하여 다 함께 말해 본다.

❻ 최종적으로 남학생 우승자와 여학생 우승자가 결승전을 진행한다.

❼ 최종 우승자를 발표할 때 역시 목표 문형을 사용해서 다 함께 외쳐 본다.

❶ 게임지A의 빈칸에는 참가자들의 특성을 반영한 다양하고 재미있는 게임을 추가한다.

❷ 시간과 공간을 고려하여 게임을 바꾸거나 변화를 주어도 좋다.

❸ 콧바람 세기를 측정할 때에는 촛불을 이용하는 것이 좋다.

예시

남학생 중에서 팔씨름을 **제일** 잘하는 사람은 아르도 씨예요.
여학생 중에서 제일 춤을 잘 추는 사람은 아사미 씨예요.
우리반에서 제일 빨리 달리는 사람은 왕량 씨예요.

우리반 왕중왕 선발대회

게임 이름	남학생	여학생	우승자
팔씨름을 잘하다			
춤을 잘 추다			
노래를 잘하다			
콜라를 빨리 마시다			
풍선을 빨리 터트리다			
제기를 잘 차다			
계산을 잘하다			
김밥을 빨리 먹다			
콧바람이 세다			
간지럼을 안 타다			

121 흑기 들지 말고 백기 들어

게임 목적	명령형 말하기
게임 유형	깃발
인원 구성	팀 (팀당 6명)
필수 문형	V-지 말고 (명령형)
준 비 물	흑기, 백기, 나무젓가락, 풀

게임 준비

❶ 두 팀으로 나눈다.

❷ 오른쪽 그림과 같이 정사각형 모양의 종이를 12장 복사하여 각각 대각선으로 접는다.

❸ 접은 종이에 나무젓가락을 끼워서 깃발을 만든다.

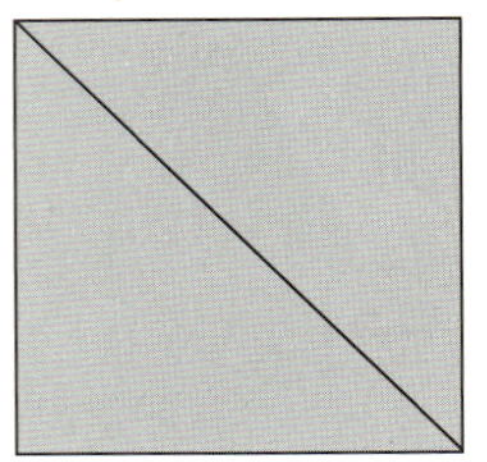

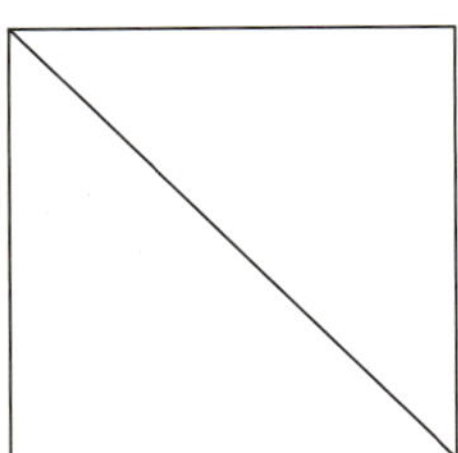

게임 방법

❶ 두 팀은 마주 보고 일렬로 선다.

❷ 한 팀은 깃발 명령을 생각하고, 다른 한 팀은 흑기와 백기를 들고 서 있는다.

❸ 명령을 내리는 팀에서 한 사람씩 돌아가면서 '흑기 들지 말고 백기 들어' 등의 명령을 내린다.

❹ 상대 팀 팀원 중 깃발을 맞게 든 사람은 남아 있고, 틀린 사람은 열 밖으로 나간다.

❺ 마지막 사람이 탈락할 때까지 걸린 시간을 체크한다.

❻ 역할을 바꾸어 ❷~❺를 반복한다.

❼ 더 오랜 시간을 버틴 팀이 이긴다.

TIP

❶ 게임을 시작하기 전에 깃발 명령을 미리 연습하고 시작하는 것이 좋다.

❷ 게임이 끝난 후에는 개인전 형식으로 깃발왕을 뽑아 보는 것도 재미있다.

예시

깃발 명령

흑기 들어 / 백기 들어

흑기 들지 마 / 백기 들지 마

흑기 들지 말고 백기 들어 / 백기 들지 말고 흑기 들어

흑기 들고 백기 들어 / 흑기 들지 말고 백기 들지 마

122 나처럼 해 봐요!

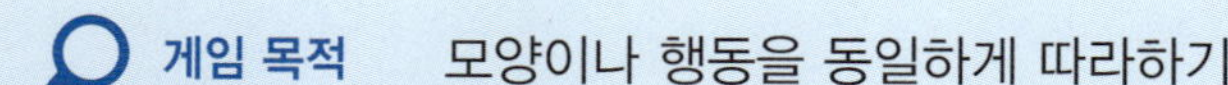

- **게임 목적** 모양이나 행동을 동일하게 따라하기
- **활동 유형** 따라하기
- **인원 구성** 전체
- **목표 문형** N–처럼 A/V
- **준 비 물** 없음

게임 준비

❶ 전체를 대상으로 한다.

❷ '나처럼 해 봐요' 노래를 다 같이 연습한다.

❸ 모두가 원 모양으로 둥그렇게 선다.

게임 방법

❶ 제일 처음 게임을 시작할 사람을 뽑는다.
첫 번째 사람을 시작으로 시계 방향으로 돌아간다.

❷ 첫 번째 사람이 '나처럼 해 봐요~ 이렇게' 노래에 맞춰 첫 번째 동작을 보여 준다.

❸ 두 번째 사람은 계속되는 노래에 맞춰 첫 번째 사람의 동작을 따라한다.
그동안 첫 번째 사람은 두 번째 동작을 보여 준다.

❹ 세 번째 사람은 계속되는 노래에 맞춰 두 번째 사람의 동작을 보고 따라한다.
그동안 첫 번째 사람은 세 번째 동작을 보여 주며, 두 번째 사람은 첫 번째 사람의 두 번째 동작을 따라한다. 이렇게 노래가 반복됨에 따라 동작을 따라하는 사람이 한 사람씩 늘어난다.

❺ 동작을 계속 따라하다가 틀리거나 멈추는 사람은 원 밖으로 나온다.

❻ 최종 한 사람이 남을 때까지 계속되며, 이 사람이 승자가 된다.

TIP

❶ 노래는 '나처럼 해 봐요~ 이렇게~' 부분을 반복한다.

❷ 게임을 시작하기 전에 단순한 동작부터 재미있는 동작까지 다양한 동작을 함께 연습해 보는 것도 좋다.

123 너의 카드가 보여

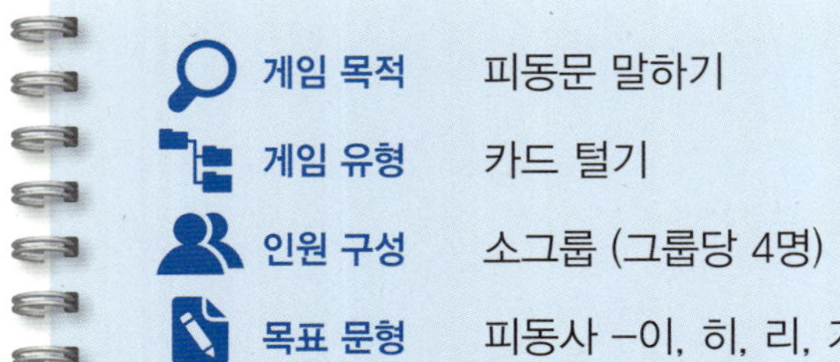

- 게임 목적: 피동문 말하기
- 게임 유형: 카드 털기
- 인원 구성: 소그룹 (그룹당 4명)
- 목표 문형: 피동사 –이, 히, 리, 기–
- 준 비 물: 게임지A, 게임지B

게임 준비

❶ 4명이 한 그룹이 된다.

❷ 게임지A와 게임지B를 그룹 수만큼 복사하여 카드 모양으로 자른다.

❸ 각 그룹에 A카드와 B카드를 한 세트씩 나누어 준다.

게임 방법

❶ 게임 순서를 정한다.

❷ A카드와 B카드를 뒤집어서 잘 섞는다.

❸ 한 사람당 6장의 카드를 나누어 갖는다.

❹ 첫 번째 사람부터 짝이 맞는 카드가 있으면 자기 앞에 해당 카드 2장을 내려놓는다. 이때 목표 문형을 사용해서 말한다.

❺ 짝이 맞는 카드가 없을 경우에는 옆 사람의 카드를 1장 가지고 온다.

❻ 돌아가면서 ❹~❺를 반복한다.

❼ 자신이 가지고 있는 카드를 가장 빨리 터는 사람이 승자가 된다.

TIP

❶ 카드를 내려 놓으며 반드시 목표 문형을 사용해서 말해야 한다.

❷ 상황에 따라 카드 수를 늘리거나 소그룹 인원을 조정해도 괜찮다.

게임지A

게임지B

닫히다	열리다	물리다
팔리다	잡히다	끊기다
깨지다	안 보이다	잠기다
쌓이다	들리다	막히다

색인

색인

색인